CLASSICS OF THE FORBIDDEN CITY

故宫经典 **QING COURT FANS IN THE PALACE**
MUSEUM COLLECTION

清宫成扇图典

故宫博物院编
COMPILED BY THE PALACE MUSEUM
故宫出版社
THE FORBIDDEN CITY PUBLISHING HOUSE

图书在版编目（CIP）数据

清宫成扇图典 ／ 故宫博物院编 . — 北京 ： 故宫出版
社，2018.12
（故宫经典）
ISBN 978-7-5134-1133-2

Ⅰ . ①清… Ⅱ . ①故… Ⅲ . ①宫廷－扇－中国－清
代－图集 Ⅳ . ① K875.22

中国版本图书馆 CIP 数据核字 (2018) 第 289738 号

故宫经典
清宫成扇图典

故宫博物院 编
主　　编：谢　丽
撰　　稿：张林杰　黄　英　刘　岳　谢　丽
英文翻译：张　彦　袁　宏　齐　玥　王　蕾　包大伟
摄　　影：余宁川　王　琎
图片资料：故宫博物院资料信息部
责任编辑：方　妍　李园明
装帧设计：李　猛
责任印制：常晓辉　顾从辉
出版发行：故宫出版社
　　　　　地址：北京东城区景山前街 4 号　邮编：100009
　　　　　电话：010-85007808　010-85007816　传真：010-65129479
　　　　　网址：www.culturefc.cn　邮箱：ggcb@culturefc.cn
制版印刷：北京雅昌艺术印刷有限公司
开　　本：889 毫米 ×1194 毫米　1/12
印　　张：23
版　　次：2018 年 12 月第 1 版
　　　　　2018 年 12 月第 1 次印刷
印　　数：1 ～ 2000 册
书　　号：ISBN 978-7-5134-1133-2
定　　价：360.00 元

经典故宫与《故宫经典》 郑欣淼

　　故宫文化，从一定意义上说是经典文化。从故宫的地位、作用及其内涵看，故宫文化是以皇帝、皇宫、皇权为核心的帝王文化、皇家文化，或者说是宫廷文化。皇帝是历史的产物。在漫长的中国封建社会里，皇帝是国家的象征，是专制主义中央集权的核心。同样，以皇帝为核心的宫廷是国家的中心。故宫文化不是局部的，也不是地方性的，无疑属于大传统，是上层的、主流的，属于中国传统文化中最为堂皇的部分，但是它又和民间的文化传统有着千丝万缕的关系。

　　故宫文化具有独特性、丰富性、整体性以及象征性的特点。从物质层面看，故宫只是一座古建筑群，但它不是一般的古建筑，而是皇宫。中国历来讲究器以载道，故宫及其皇家收藏凝聚了传统的特别是辉煌时期的中国文化，是几千年中国的器用典章、国家制度、意识形态、科学技术以及学术、艺术等积累的结晶，既是中国传统文化精神的物质载体，也成为中国传统文化最有代表性的象征物，就像金字塔之于古埃及、雅典卫城神庙之于希腊一样。因此，从这个意义上说，故宫文化是经典文化。

　　经典具有权威性。故宫体现了中华文明的精华，它的地位和价值是不可替代的。经典具有不朽性。故宫属于历史遗产，它是中华五千年历史文化的沉淀，蕴含着中华民族生生不已的创造和精神，具有不竭的历史生命。经典具有传统性。传统的本质是主体活动的延承，故宫所代表的中国历史文化与当代中国是一脉相承的，中国传统文化与今天的文化建设是相连的。对于任何一个民族、一个国家来说，经典文化永远都是其生命的依托、精神的支撑和创新的源泉，都是其得以存续和赓延的筋络与血脉。

　　对于经典故宫的诠释与宣传，有着多种的形式。对故宫进行形象的数字化宣传，拍摄类似《故宫》纪录片等影像作品，这是大众传媒的努力；而以精美的图书展现故宫的内蕴，则是许多出版社的追求。

　　多年来，故宫出版社（原名紫禁城出版社）出版了不少好的图书。同时，国内外其他出版社也出版了许多故宫博物院编写的好书。这些图书经过十余年、甚至二十年的沉淀，在读者心目中树立了"故宫经典"的印象，成为品牌性图书。它们的影响并没有随着时间推移变得模糊起来，而是历久弥新，成为读者心中的经典图书。

　　于是，现在就有了故宫出版社（紫禁城出版社）的《故宫经典》丛书。《国宝》《紫禁城宫殿》《清代宫廷生活》《紫禁城宫殿建筑装饰——内檐装修图典》《清代宫廷包装艺术》等享誉已久的图书，又以新的面目展示给读者。而且，故宫博物院正在出版和将要出版一系列经典图书。随着这些图书的编辑出版，将更加有助于读者对故宫的了解和对中国传统文化的认识。

　　《故宫经典》丛书的策划，这无疑是个好的创意和思路。我希望这套丛书不断出下去，而且越出越好。经典故宫藉《故宫经典》使其丰厚蕴含得到不断发掘，《故宫经典》则赖经典故宫而声名更为广远。

目 录

CONTENTS

前言

扇子，在我国有着悠久的历史。按照使用功能，扇子可分为引风纳凉的日常用扇和彰显威仪的礼仪用扇两大类。日常用扇最初被用于扇风祛暑，随着时代的发展，逐渐成为与礼仪、风俗、诗词、舞蹈、戏曲等文化艺术相关联，且与书法、绘画、织绣工艺等有机结合、交相辉映的艺术品。盈尺之间，不仅凝聚了匠师们的聪明才智，蕴涵着人们丰富的思想情感，更承载着深厚的、富有鲜明民族特色的文化积淀。

故宫博物院现收藏有成扇类文物近万件，其中绝大部分属于清宫旧藏。清宫成扇以折扇和团扇为主，质地有纸、绢、绸、缎、纱、缂丝等，亦有少量竹扇、羽扇、象牙扇以及芭蕉扇等。从现存成扇藏品看，清代宫廷成扇发展过程中有两个高峰期：一是乾隆时期。此时宫廷用扇设计精美、用料考究、做工精细，成扇的收藏与制作达到鼎盛。二是慈禧皇太后掌权时期。成扇在数量上凸显优势，现故宫博物院所藏清宫成扇绝大多数均属于这一时期。唯此时清代已步入晚期，内忧外患，国力已近衰竭，成扇数量虽然多，但无论从审美素养抑或工艺水平上看，都无法与清代中期相媲美，精品成扇已颇为鲜见。

扇子作为书画艺术的载体之一，以其独特的艺术形式而受到人们喜爱。历代文人墨客、丹青妙手无不在扇面上挥毫翰墨，展现才情，使得扇面书画艺术蓬勃发展。清代历朝帝王均非常重视汉文化研习，他们诵读经典、挥毫泼墨，文化造诣颇深。书画扇因蕴涵深厚的文人意趣而被清代帝王所眷赏，皇家的直接参与极大地推动了扇面书画艺术的发展，使得这一艺术形式于宫廷内兴盛不衰，并在乾隆、嘉庆时期逐渐达到鼎盛。此期的宫廷书画扇极其丰富，可分为历代名家书画扇、御笔书画扇、宫廷书画家所作书画扇及侍从文臣所作书画扇等几大类。这些书画成扇工艺精良、书画精妙、意境深远，与清代宫廷书画工谨、细腻的风格相一致，共同成就了清代独具特色的宫廷书画成扇艺术。

清宫成扇颇具宫廷特色及艺术价值，堪称中国扇文化的重要组成部分，凝聚了古代能工巧匠的聪明才智，不愧为人类文化遗产的瑰宝。

Preface

Throughout their long history in China fans fell into two categories based on their functions: fans for daily use to keep cool and fans used ritually to convey authority. Initially fans were used to drive away the summer heat. As time passed, however, they tended to become works of art tied to other cultural forms such as rituals, customs, poems, dances and Chinese opera, and as such were beautifully combined with calligraphy, painting and embroidery techniques. Within an area of a few square centimeters, fans not only condense the wisdom of artisans, but also bear with them a wealth of thoughts and feelings, and embody a rich and distinctively Chinese cultural tradition.

The Palace Museum collection contains many thousands of fans, most of which are from imperial collections. The majority of fans from the Qing court are folding fans or round fans, made from paper, silk, silk fabric, satin, gauze and *kesi* silk; there are also fans made of bamboo, feathers, ivory and palm-leaves. From the existing collection two peaks are evident in the development of fans at the Qing court: first, the Qianlong period, when imperial fans were characterized by exquisite designs, sophisticated materials and fine workmanship, and both the collection and production of fans reached a pinnacle; second, the reign of the Empress Dowager Cixi, when the imperial collection was at its largest. Most of the Palace Museum's collection derives from this period. However, at that point the Qing had reached to its late period, and was assailed by domestic troubles and foreign threats; its national strength had declined. Although fans were produced in large quantities, high quality items were rare, and could not compete with those from the mid-Qing period on either an aesthetic or a technological level.

As a medium for the arts of painting and calligraphy, fans are beloved for their unique art style. Literati, great painters and calligraphers of various dynasties all created paintings and calligraphic works on fans to display their talents, popularizing work on fans as a distinct art form. The Manchu emperors of the Qing dynasty greatly valued the study of Han Chinese culture, reading classical works and creating paintings and calligraphy to demonstrate their achievements. Fans bearing paintings and calligraphy, having a profound connection with Han literati culture, were accordingly favored by the Qing emperors. This direct engagement of the imperial household boosted the development of artwork on fans, causing this art form to flourish in court and allowing it to gradually reach a peak in the Qianlong and Jiaqing periods. A great deal of imperial fans with paintings and calligraphy emerged in this period; the collection can be divided into fans bearing paintings and calligraphy by masters of previous dynasties, by emperors, by court painters and calligraphers, and by attendant officials. The sophisticated techniques, exquisite paintings and calligraphy and far-reaching artistic conceptions involved in creating these fans are consistent with the meticulous care taken over other forms of imperial paintings and calligraphy in the Qing dynasty. Together, these various products formed a distinctive palace style.

Fans from the Qing court are rich in artistic value and in the characteristics of that dynasty, standing as an important component of Chinese fan culture as a whole. In them is concentrated the wisdom and intelligence of the skilled craftsmen who made them; they hold a valuable place amidst humanity's cultural heritage.

清代宫廷成扇概论

谢 丽

扇子，古有"箑""蓬"及"翣"等称，在我国有着非常悠久的历史。扇子主要分为引风纳凉的日常用扇及彰显威仪的礼仪用扇两种。日常用扇最初主要是人们生风祛暑的日常用品，随着时代的发展，扇子不仅逐渐与礼仪、风俗、诗词、舞蹈、戏曲等文化艺术相关联，而且与书法、绘画、织绣工艺等有机结合，成为展示这些艺术的载体，彼此交相辉映，相得益彰。盈尺之间，不仅凝聚了匠师们的聪明才智，更蕴涵着人们丰富的思想情感。在引风纳凉的日用之外，扇子更承载着深厚的、富有鲜明民族特色的文化积淀，成为我国传统工艺艺术的一朵奇葩。

一 扇之溯源

(一) 扇之释义

扇，其本意，东汉许慎《说文解字》释为："扉也。从户羽。"[1]按《礼记集解》："是月也，耕者少舍，乃修阖、扇、寝、庙毕备。"郑氏（郑玄）曰："舍犹止也。因耕事少间而治门户也。用木曰阖，用竹苇曰扇。"[2]意即用木做的门称"阖"，用竹苇编的门称"扇"。

扇子在汉代称为"箑"，又作"蓬"。《说文解字》"箑"释为"扇也。从竹。段注扇，扉也。扉可开合，故箑亦名扇"[3]西汉《淮南子·精神》载："知冬日之箑，夏日之裘，无用于已，则万物之变为尘埃矣。"西汉高诱注："箑，扇也，楚人谓扇为箑。"[4]东汉《论衡·是应》则有"人夏月操蓬，须手摇之，然后生风"[5]之言，可见，扇子在两汉时期被称为"箑"是十分明确的。而且，在汉代，"扇"字的本意原是指门扇，指称扇子当为假借。

在"扇"与"箑"的使用上，汉代扬雄《方言》卷五言："扇自关而东谓之箑，自关而西谓之扇。"晋代郭璞为《方言》作注时尚有"今江东亦通名扇为箑，音筴"[6]之语，说明至少自汉代起，"扇"与"箑"之名是同时使用的，只是由于地域的不同，指称有所差异而已。后世由于多次的民族迁徙，造成南北交融、民族融合，"扇""箑"逐渐统一为"扇"。清代段玉裁注《说文解字》时就明确说道："今江东皆曰扇，无言箑者。凡江东方言见于郭注者，今多不同，盖由时移世易，士民迁徙不常故也。"[7]

扇亦有称"翣"者，《小尔雅》："大扇谓之翣。"[8]《礼记·既夕礼》中有"燕器：杖、笠、翣等"[9]之句。《说文解字》"翣"释为"棺羽饰也"[10]。由此我们可知"翣"的本义并不同于"箑"，但由于"翣"与"箑"音同形近，二者作为通假字互用，因此时而有以"翣"代"箑"的情况出现于古籍中。

(二) 考古发现

迄今为止出土的年代最早、保存最完好的实物扇子是江西靖安李洲坳东周墓出土的竹编扇子。此扇用精细的竹篾编织而成，扇柄偏向一侧，形状有点像现在的菜刀[11]。这说明，至迟于春秋中晚期就已经出现了扇子。

战国墓葬出土的扇子数量大为增加。如1982年在湖北江陵马山一号墓出土了一把短柄竹编扇子，形如菜刀，扇面略近梯形，用细薄的红、黑两色篾片编织而成，纹饰规整，制作精致，是一件工艺水平较高的竹编制品[12]。此外还有湖北江陵九店东周墓出土的扇子[13]、湖北江陵天星观一号楚墓出土的羽扇残件[14]等。

可见，"春秋、战国时期，楚国的扇子常当做随葬品置于墓中，目前战国墓中出土的楚扇已不少，主要有竹扇和羽扇两种"[15]。据此亦可说明，春秋战国时期扇子的使用已较为普遍，其制作已经趋于完善。

除了出土的实物证据，图像也是极为重要的依据。四川成都百花潭出土的宴乐狩猎攻战纹铜壶上，有奴隶手执长柄扇的图像[16]。这是迄今为止发现的最早的扇子图像，证明古时用于招风祛暑的生活用扇已经有长柄和短柄两种不同规格，长柄扇由

1 （东汉）许慎撰、（清）段玉裁注：《说文解字注》第586页，上海古籍出版社，1981年。

2 （清）孙希旦撰，沈啸寰、王星贤点校：《礼记集解》卷十五，第427页，中华书局，1989年。

3 （东汉）许慎撰、（清）段玉裁注：《说文解字注》第195页，上海古籍出版社，1981年。

4 《淮南鸿烈解》卷七，载《文渊阁四库全书》第848册，子部一五四，第583页，台北商务印书馆。

5 《论衡》卷十七，载《文渊阁四库全书》第862册，子部一六八，第210页，台北商务印书馆。

6 《方言》卷五，载《文渊阁四库全书》第221册，经部二一五，第315页，台北商务印书馆。

7 （东汉）许慎撰、（清）段玉裁注：《说文解字注》第195页，上海古籍出版社，1981年。

8 《读礼通考》卷九十六，载《文渊阁四库全书》第114册，经部一〇八，第330页，台北商务印书馆。

9 《十三经注疏正字》卷四十五，载《文渊阁四库全书》第192册，经部一八六，第594页，台北商务印书馆。

10 （东汉）许慎撰、（清）段玉裁注：《说文解字注》第140页，上海古籍出版社，1981年。

11 江西省文物考古研究所、靖安县博物馆：《江西靖安李洲坳东周墓发掘简报》，《文物》2009年第2期，第14页。

12 湖北省荆州地区博物馆：《江陵马山一号楚墓》第84页，文物出版社，1985年。

13 湖北省文物考古研究所：《湖北江陵县九店东周墓发掘纪要》，《考古》1995年第7期，第602页。

14 湖北省荆州地区博物馆：《江陵天星观1号楚墓》，《考古学报》1982年第1期，第105页。

15 湖北省文物考古研究所编写小组著：《湖北文物奇观》第275页，湖北人民出版社，1993年。

16 李先登：《商周青铜文化》第112页，商务印书馆，1997年。

17 （晋）崔豹撰：《古今注》卷上，载《文渊阁四库全书》第850册，子部一五六，第102页，台北商务印书馆。

18 （北宋）杨亿编、王仲荦注：《西昆酬唱集注》卷下，第262页，中华书局，1980年。

侍从所执为主人扇风，短柄扇可自持以御炎暑。

（三）文献记载

通过考古发掘，我们对春秋战国时期的扇子及其使用情况有了些许了解，此期扇子的制作已经较为成熟，使用情况也相当普遍。我们知道，任何事物的发展必然要经历一个阶段的探索，因此扇子出现的年代应可上推至更早。令人遗憾的是，目前尚未有更新的考古发现，因此我们只能依靠文献来解惑答疑。虽然历代文献中对于扇子的追溯众说纷纭，但亦可帮助我们深入研究、探本求源。

目前被普遍引用的史料为晋崔豹《古今注·舆服》："五明扇，舜所作也。既受尧禅，广开视听，求贤人以自辅，故作五明扇焉。秦汉公卿，士大夫皆得用之，魏晋非乘舆不得用。"[17]需要说明的是，这里所说的"五明扇"并不是招风祛暑的生活用扇，而应该是具有象征性意义的仪仗扇。

若此段记载为真，那么应该认为自上古时期扇子就已经存在了。虽然迄今为止尚未发现原始社会的扇子实物，但从浙江吴兴钱山漾新石器时代遗址出土的精致的丝织品和大量的竹编器物来看，此时出现扇子也当在情理之中。

二　清宫成扇的主要品种

随着漫长的历史岁月，扇子历经了不断的演变、创新与完善，最终发展成为一个庞大的"家族"。扇子有不同的分类法，按形制来分，可分为不可折叠的平扇及可折叠的折扇；按材质来分，可分为纨扇（团扇）、竹扇、羽扇、蒲扇、麦秆扇、象牙扇等；按地区来分，可分为川扇、杭扇、潮州扇等。

故宫博物院现收藏有成扇类文物近万件，其中绝大部分属于清宫旧藏。从现存成扇看，清代宫廷成扇有两个高峰时期：一是乾隆时期。此期的宫廷用扇设计精美、用料考究、做工精细，成扇的收藏与制作皆达到鼎盛。另一个是慈禧皇太后掌权时期。清宫成扇在数量上凸显优势，现故宫博物院所存清宫成扇绝大多数均属这一时期。唯此时已至清代晚期，国家内忧外患，国力已近衰竭，成扇数量虽然众多，但是无论审美情趣抑或工艺水平，都无法与清代中期相媲美，精品成扇已甚为鲜见。

清宫成扇以折扇和团扇（纨扇）为主，质地有纸、绢、绸、缎、纱、缂丝等，亦有少量竹扇、羽扇、象牙扇以及芭蕉扇等。介绍时本应按照形制区别可折叠的折扇及不可折叠的平扇（平扇系统再按照材质分为纨扇、竹扇、羽扇等），考虑到折扇与团扇最为重要，需首先介绍，且团扇出现的年代较折扇的传入要早，因此特将团扇置于折扇之前。

（一）团扇

1.团扇概述

团扇，有广义和狭义之分。广义之团扇以形状多为圆形如满月而得名。狭义之团扇是指扇面以绢、罗、绫、纱等丝织物制成，又有"纨扇""罗扇""绢扇"等称。此处介绍为狭义之团扇。由于最初盛行于宫廷，故又称"宫扇"。团扇对后世具有深远影响，自出现伊始历代皆沿用不衰，是中国最为传统的用扇形式。

团扇至迟在西汉即已出现，传为汉成帝的妃子班婕妤所作《怨歌行》有"新裂齐纨素，皎洁如霜雪。裁为合欢扇，团团似明月"[18]之句。隋唐时期，团扇外传日本。当时日本曾多次派出庞大的使团来到中国生活学习，称为"遣隋使""遣唐使"。他们如饥似渴地吸收中华文明，日本人一直沿用至今的团扇应该就是这一时期从中国直接传入日本的。到宋代，书画团扇已极为盛行，创作水平达到了登峰造极的程度。此期有几位皇帝均喜于扇上题诗作画，如"太宗每当暑月，御书团扇，赐馆阁学士"[19]。又宋徽宗在"政和间，每御画扇，则六宫诸邸，竞皆临仿，一样或至数百本，其间贵近，往往有求御宝者"[20]。正所谓上有所好，下必趋之，民间争相效仿，一时之间团扇风行。于此陆游曾有诗感叹："吴中近事君知否，团扇家家画放翁。"[21]据此可窥见当时画扇之盛。明清时期，折扇因形制更为方便而逐渐盛行，并改变了中国以传统团扇为主流的局面，团扇遂逐渐式微。

自《怨歌行》中象征着佳人失势，团扇即与女子紧密地联系在一起，但其实古代男子也用团扇，绘画作品中如宋佚名《十八学士图》、宋徽宗《听琴图》等均有男子手执团扇的描绘。及至清代男子亦仍使用，在存留至今的晚清照片中，可看到奕譞与奕䜣二人手执团扇[22]。还有甘肃省城巡警教练所第四届毕业照中前排正中官员手执团扇的照片[23]。

2.清宫团扇

故宫博物院藏有大量的团扇，这些团扇绝大部分为清代晚期作品，少数为清代中期作品，主要分两大类。

一类是绢质(也有少量为纸质)书画团扇。此类团扇中最具特色的是乾隆时期的藏经纸扇。藏经纸扇以藏经纸制作而成，藏经纸即金粟山藏经纸。相传浙江海盐西南有金粟山，山下有金粟寺。寺中曾藏北宋《大藏经》数千件，每幅纸背上均钤有"金粟山藏经纸"朱文印，金粟山藏经纸以此得名。此纸以麻料制成，质地较厚，无纹理，内外皆蜡，有米黄色、白色、虎豹皮花纹等。有的已被写过字，有的虽未写字，但因是从经册后背揭下来的衬纸，其上往往还有书写原经册时渗透的墨痕，所以从正面看上去，还有反面字的痕迹。金粟山藏经纸后来逐渐流入民间，被用于写字作画或装裱手卷引首。因社会需求，遂有人开坊仿造。我们今天所看到的金粟山藏经纸大多为乾隆时的仿品。乾隆皇帝曾多次下旨以藏经纸制扇，并赋有诗句赞之。如《咏藏经纸扇》："唐代经背纸，梵文隐现中。恰成团扇月，雅似扬宗风。拟欲民解愠，翻思道不同。班姬何用叹，未识色如空。"[24]又《题藏经纸扇》："吉云片羽遗金粟，柄以和阗美玉为。妙谛清词两无似，拟将落笔又迟迟。"[25]由此可见乾隆皇帝对藏经纸扇的喜爱有加。

另一类是织绣类团扇。清代所用织绣团扇有绸、缎、纱、绢、罗等多种质地，其中尤以缂丝最为精美。缂丝是中国传统丝织工艺品种之一，又名刻丝、克丝等。其织法以生丝为经、熟丝为纬，将多种彩色纬丝与经线交织，"通经断纬""承空观之，如雕镂之象"，故名缂丝。由于缂丝工艺繁复，一件成功的作品，所用人力、物力非普通人家可以承受，有"一寸缂丝一寸金"之说，故多为宫廷御用。

织绣团扇大多于绸、缎、纱、绢、罗等质地上织绣花鸟等图案，织绣技法多种多样，不胜枚举。在此仅列举几种较为特点的加以介绍：

纳纱，刺绣针法的一种，亦称"戳纱"或"纳绣"。用素纱作地子，有规律地按纱孔行针刺绣，或垂直、或斜向，针路规整匀齐，有强烈的织纹感和装饰效果。

打籽，我国传统刺绣基本技法之一，用线条绕成小粒绣一针，如籽一般。由古老的锁绣发展而来，多用于绣制花心。

堆绫，中国古代织绣品种之一。用料以绫为主，亦可用绢、缎、纱、罗、绸、麻和布等料。将料按事先设计好的图案剪裁成各式绫片后托纸、粘贴或用针线缝钉上，堆成各式纹样，或在上面再加刺绣。

（二）折扇

1.折扇概述

折扇，又称"折叠扇""聚骨扇""聚头扇""撒扇"等。起源于

19 (宋)江少虞：《宋朝事实类苑下》卷二十四，第301页，上海古籍出版社，1981年。

20 (宋)邓椿：《画继》卷十，载《文渊阁四库全书》第813册，子部一一九，第549页，台北商务印书馆。

21 《陆游集》第二册，第898页，中华书局，1976年。

22 刘北汜、徐启宪主编：《故宫珍藏人物照片荟萃》第62页，图16，紫禁城出版社，1995年。

23 刘北汜、徐启宪主编：《故宫珍藏人物照片荟萃》第231页，图10，紫禁城出版社，1995年。

24 《清高宗(乾隆)御制诗文全集》第五册，三集卷五十八，第206页，中国人民大学出版社，1993年。

25 《清高宗(乾隆)御制诗文全集》第五册，三集卷九十，第706页，中国人民大学出版社，1993年。

26 台北故宫博物院编辑委员会编辑：《文物光华6》第329页，台北故宫博物院，1992年。

27 《宋史》卷四百九十一，载《文渊阁四库全书》第288册，史部四六，第841页，台北商务印书馆。

28 《梦粱录》卷十三，载《文渊阁四库全书》第590册，史部三四八，第107页，台北商务印书馆。

29 陈晶：《记江苏武进新出土的南宋珍贵漆器》，《文物》1979年第3期，第46页。

30 （明）陈霆：《两山墨谈》卷十八，第156页，中华书局，1985年。

31 （明）刘元卿编纂：《贤奕编》卷四，第103页，中华书局，1985年。

32 （明）沈德符：《万历野获编》卷二十六，第662页，中华书局，2004年。

33 《礼部志稿》卷三十八，载《文渊阁四库全书》第597册，史部三五五，第717页，台北商务印书馆。

34 叶光庭、吕以春：《西湖漫话》第175页，天津人民出版社，1982年。

35 （明）文震亨：《长物志》卷七，第57页，中华书局，1985年。

36 （清）刘廷玑撰、张守谦点校：《在园杂志》卷四，第182页，中华书局，2005年。

37 （明）沈德符：《万历野获编》卷二十六，第663页，中华书局，2004年。

38 （清）刘廷玑撰，张守谦点校：《在园杂志》卷四，第183页，中华书局，2005年。

日本，据说日本人是受到蝙蝠双翼的启发而发明了折扇。对此，明人郑舜功《日本一鉴》记载说："倭初无扇，因见蝙蝠之形，始作扇，称蝙蝠扇。"[26]

目前文献对于"蝙蝠扇"的记载可追溯至北宋时期。据《宋史》卷四九一《日本传》载，端拱元年（988年），日本僧人奝然遣其弟子来贡，其中即有"金银蒔绘扇笤一合，纳桧扇二十枚，蝙蝠扇二枚"[27]，说明至少在北宋初期折扇就已传入中国。

折扇传入中国不久，国人就已开始仿制，南宋时期已经相当普遍。据南宋吴自牧《梦粱录》载，当时杭城大街扇铺林立，买卖昼夜不绝，其中即有"周家折揲（叠）扇铺"[28]等。目前中国发现最早的折扇图像见于江苏武进南宋墓葬出土的戗金花卉人物奁，盖面为一幅仕女图，其中一女持团扇，一女持折扇[29]。这再次说明折扇在南宋时期已经较为流行。

元代，折扇由于种种原因沉寂没落。此时折扇虽然并未彻底消失，但出现了断层，导致后来的明人对折扇的来历不甚了解。如明陈霆《两山墨谈》卷十八记载："宋元以前，中国未有折扇之制，元初，东南夷使者持聚头扇，当时讥笑之。我朝永乐初，始有持者，然特仆隶下人用以便事人焉耳。至倭国以充贡，朝廷以遍赐群臣，内府又仿其制以供赐予，于是天下遂遍用之，而古团扇则惟江南之妇人犹存其旧，今持者亦鲜矣。"[30]又明刘元卿《贤奕编》亦云："闻撒扇始于永乐中，因朝鲜国进撒扇，上喜其卷舒之便，命工如式为之。南方女人皆用团扇，惟妓女用撒扇。近年良家女妇亦有用撒扇者。"[31]由此可见明人虽对于折扇的来历众说纷纭，但有一点为大家所共识：即折扇是在明永乐年间开始受到帝王的青睐，下令大量仿制以备宫廷所需，从而广为接受和流行的。其时，川扇所制称佳，"其精雅则宜士人，其华灿则宜艳女"[32]，至明代中晚期，制用量已颇为巨大。川扇因其精良而作为贡物大量进献宫廷，"四川布政司造抚臣奏进岁

例扇一万一千五百四十把。嘉靖三十年，加造备用扇二千一百把。四十三年又加造小式细巧扇八百把，共一万四千四百四十把"[33]。明代宫廷对于折扇的拥爱显而易见。

清代，折扇依然盛行不衰，出产地日渐广泛，江浙地区是重要的制扇中心，名工荟萃。杭州曾有座"扇业祖师殿"，据扇业会馆碑文记载，它重建于光绪十四年（1888年），碑上勒名捐助者共139户，殿中神位牌上供奉的扇业先辈老艺人达462人[34]。可见其时名匠辈出，折扇的产销定然极为兴旺。

2.折扇的扇股

折扇经过不断地创新与完善，制作逾趋精美，扇股的制作亦具有丰富的艺术气息。明代，其制作材质已多种多样，明文震亨《长物志》："姑苏最重书画扇，其骨以白竹、棕竹、乌木、紫白檀、湘妃、眉绿等为之，间有用牙及玳瑁者。"[35]清刘廷玑《在园杂志》卷四中亦有相关记载："其扇骨有用象牙者、玳瑁者、檀香者、沉香者、梭竹者、各种木者、罗甸者、雕漆者、漆上洒金退光洋漆者，有镂空边骨内藏极小牙牌三十二者，有镂空通身填以异香者。"[36]可见，制作扇股的材质足谓琳琅满目。在材质选择上也颇有讲究，有"俗""雅"之分。对此，明人沈德符于《万历野获编》中有明确评价："今吴中折扇，凡紫檀、象牙、乌木者，俱目为俗制，惟以棕竹、毛竹为之者称怀袖雅物。"[37]此外，不仅扇股的材质日渐丰富，扇之聚头处的制作亦花样繁多，起到"画龙点睛"的效果，清刘廷玑《在园杂志》中有较为详细的描述："扇头钉铰眼线，有镶嵌象牙、金银、玳瑁、玛瑙、蜜蜡、各种异香者，且有空圆钉铰，内藏极小骰子者，刻各种花样，备极奇巧，甚有仿拟燕尾，更有藏钉铰于内，而外无痕迹者。"[38]工艺繁复，用材精心，可谓匠心独运，非名手巧匠不可为之。

虽然折扇于明代才开始广为盛行，但此时已然出现了许多制股高手。明文震亨《长物志》载："有员头、直根、绦环、结子、板

板花诸式，素白金面，购求名笔图写，佳者价绝高。其匠作则有李昭、李赞、马勋、蒋三、柳玉台、沈少楼诸人，皆高手也。"[39]明沈德符《万历野获编》亦载："其面重金亦不足贵，惟骨为时所尚。往时名手有马勋、马福、刘永晖之属，其值数铢。近年则有沈少楼、柳玉台，价遂至一金。而蒋苏台同时，尤称绝技，一柄至直三四金，冶儿争购，如大骨董，然亦扇妖也。"[40] 种种所载，一方面说明其时名匠高手辈出，同时又反映出折扇不但蔚为流行，而名家制股之折扇更是时人争相收藏的佳品，甚至不惜数金而得一柄。

3.清宫折扇

清代宫廷折扇多达数千件，主要为清中期及清晚期制品。

清中期，尤其是乾隆时期，宫廷折扇大方、雅致、精美，令人赏心悦目，在艺术与技术上，达到了极为鼎盛的阶段。在充沛的人力、物力及财力支持下，此期还能进行各种创新尝试，以期制作出别具一格的折扇。比如不仅采用藏经纸制作折扇，甚至尝试用羊皮来制作折扇。乾隆三年三月"二十三日，司库刘山久来说太监毛团、高玉交加层羊皮画西洋景扇面一张，加层素羊皮扇面四张。传旨：'着交与织造海保配做扇股，不用托裱，就从加皮内川(穿)扇股配做扇子，钦此。'于本年四月二十四日织造海保差家人六十五来说，此扇面配不得扇股，难以做扇子用等语。司库刘山久、催总白世秀仍持进交太监毛团、胡世杰、高玉回奏。奉旨：'此扇面既做不得扇子，将锦边裁去做斗方用，钦此'"[41]。说明乾隆时期，由于国力鼎盛，对于折扇的制作不但精益求精，讲求细节，并能推陈出新，甚至可以参糅西洋画这等在当时极具时代感的新鲜元素，凸显皇家豪贵气派。

到清晚期，内忧外患接踵而至，国力衰竭，为宫中特制之物的品质已远不及清中期，像折扇这种精巧之物，皇家制坊已无余力承制，多是由专业扇店购置，这些折扇于扇面边缘内层印有红色的商号名称。故宫博物院所藏此时期的折扇之上即有"金陵庆和仁选制提净棉料""极品五层棉料杭省舒莲记选制""京都蝶生祥拣制提尖真门市""京都聚明斋选制德记提尖真门市""万记金陵周全盛选制""京都松古斋选制万记""鉴记拣选京都松竹斋选制""京都松竹斋制明山精制""京都清秘阁选制""金陵庆华公监制""京都同福德选制福禄寿喜""杭州王星斋选制注册超等三星雅扇""提尖真门市金陵庆风馆选制"等名号，不胜枚举。故此，清晚期宫中所用折扇实与民间无异。

（三）竹扇

1.竹扇概述

竹扇，是中国最古老的扇种之一。春秋、战国墓葬中均有出土，为单门状的偏扇，称为"便面"。

秦汉时期，竹扇已广泛使用并深受喜爱。汉代班固《竹扇赋》即有"青青之竹形兆直，妙华长竿纷实翼，沓筱从生于水泽。疾风时纷纷，萧飒削为扇；婴成器美，托御君王。供时有度量，异好有圆方，来风辟暑自清凉。安体定神达消息，百王传之赖功力，寿考康宁累万亿"[42]之语。

唐宋时期，竹扇已然广泛流行，诗词中多有述及。如唐张祜《赋得福州白竹扇子》云："金泥小扇谩多情，未胜南工巧织成。藤缕雪光缠柄滑，篾铺银薄露花轻。清风坐向罗衫起，明月看从玉手生。犹赖早时君不弃，每怜初作合欢名。"[43]又有宋王质《竹扇》谓："脱尽龙儿锦绣衣，一枝变化作千丝。泠然不受人间暑，谁道清风有歇时。"[44]

明清时期，竹扇制作精益求精。清王廷鼎《杖扇新录》载："篾丝扇，来自岭表，削竹青细如缕，织成如布，光滑无痕，方、圆、六角均有之。积五六年，色自红润，风来倍凉，雅品也。"[45]

39 （明）文震亨：《长物志》卷七，第57页，中华书局，1985年。

40 （明）沈德符：《万历野获编》卷二十六，第663页，中华书局，2004年。

41 中国第一历史档案馆、香港中文大学文物馆合编：《清宫内务府造办处档案总汇》第八册，第270-271页，人民出版社，2005年。

42 高明主编、林尹编纂：《两汉三国文汇》第320页，中华丛书编审委员会，1960年。

43 彭定求等编：《全唐诗》第二十五册，第9984页，中华书局，1960年。

44 （宋）王质：《雪山集》卷十五，第193页，商务印书馆，1935年。

45 黄宾虹、邓实：《美术丛书》第二册，第1189页，江苏古籍出版社，1997年。

46 《宋史》卷一百四十三,载《文渊阁四库全书》第282册,史部四〇,第567页,台北商务印书馆。

47 (晋)王嘉撰、肖绮录、齐治平校注:《拾遗记》卷二,第55页,中华书局,1981年。

48 《汉魏六朝百三家集》卷七十一,载《文渊阁四库全书》第1414册,集部三五三,第205页,台北商务印书馆。

49 陈夔龙、白文贵:《民国笔记小说大观(第二辑)梦蕉亭杂记·蕉窗话扇》第149页,山西古籍出版社,1996年。

50 黄宾虹、邓实编:《美术丛书》第二册,第1190页,江苏古籍出版社,1997年。

51 黄宾虹、邓实编:《美术丛书》第二册,第1190页,江苏古籍出版社,1997年。

52 《搜神记》卷一,载(晋)郭璞注《山海经(外二十六种)》第368页,上海古籍出版社,1991年。

可见,此时竹扇的制作工艺更加复杂,技法更加娴熟。

2.清宫竹扇

清宫竹扇中以龚扇最具特色。"龚扇"产自四川自贡,以清末竹编艺匠龚爵五的绝技而得名。扇以极细薄的竹篾编织而成,图案精美,如绢似锦。清光绪年间成都举办劝业赛宝会,龚爵五的龚扇获奖,于是贡入宫廷。因其扇薄如蝉翼,轻柔光滑,而深得慈禧皇太后的喜爱。

(四) 羽扇

1.羽扇概述

羽扇,亦是中国最古老的扇种之一。《宋史·仪卫志》称:"古者扇翣,皆编次雉羽或尾为之,故于文从羽。"[46]

关于使用羽扇来招风取凉的记载,较早见于晋王嘉《拾遗记》卷二:"二十四年,涂修国献青凤、丹鹊各一雌一雄。孟夏之时,凤、鹊皆脱易毛羽。聚鹊翅以为扇,缉凤羽以饰车盖也。扇一名'游飘',二名'条翮',三名'亏光',四名'仄影'。时东瓯献二女,一名延娟,二名延娱。使二人更摇此扇,侍于王侧,轻风四散,泠然自凉。"[47]此条记载明确地说到以鸟禽的羽毛制扇,用于取凉。

春秋直至唐宋时期,羽扇始终流传不息,为世人所钟爱,并以羽扇为题创作了诸多的诗篇,最为典型的莫过于南朝谢惠连所作《白羽扇赞》:"惟兹白羽,体此溅洁。凉齐清风,素同冰雪。其仪可贵,是用玩悦,挥之襟袖,以御炎热。"[48]将羽扇的特点和神韵表现得淋漓尽致。明清时期,羽扇依然多有制作,并以湖州所产最佳,清张燕昌《羽扇谱》,"其产以湖州为盛,每岁采羽选刷,或白或染,汇合成扇。复用利刀破羽管,用鹤鹳等尾下氄毛缀之,以为美观。所用鸟羽,种类不一,而以雁鹰为多"[49]。

2.清宫羽扇

现存清宫羽扇主要有鹅毛扇及雕翎扇两种,皆为清晚期制品,与民间所用无异。清王廷鼎所撰《杖扇新录》中对这两种羽扇皆有较为详细的描述。

鹅毛扇以白鹅翎制作,亦有灰色者。"相传禽羽枯则易散,惟浙江湖郡骆驼桥下之水,上承苕雪,慓急厚重,浣羽其下,则久黏不枯,光滑如缎,故鹅扇都产湖郡。即他处羽扇,亦必先浣羽于湖,而后制之。其形如掌,上锐下圆,一扇用三四十羽不等。柄用短木管三寸,即劈翎管如篾丝,结成古钱及'卍'字等形,蒙其外为之柄。上用五色绫缎翦成寿桃形,两方前后贴之,金镂绣成书画甚工。再用孔雀金翠毛围列其边,中缀大红绒花一朵,盖鹅毛长不及八九寸,凡此藉以掩饰其毛之根,而颇觉明媚可观。近亦有制长方形者,此扇闺阁用之尤宜。"[50]

雕翎扇,即所谓雕扇,咸丰、同治时期盛行于京城王公大臣之中。这种扇"一羽长尺外,阔一二寸。扇形长方,一扇列九羽为率,价须十金。若七羽六羽者尤贵。羽出北口,赭质而白章,亦有黑白各半,又有上下全黑,中间寸许白者,名'玉带',值数十金,甚有至百金外者。柄用象牙,妓女或取驼骨溅翠为之。此扇行而一切羽扇皆废,间有存者,惟鹅毛鹰毛两种而已"[51]。

(五) 象牙扇

象牙扇,以象牙制作而成。东晋神怪小说《搜神记》已见"象牙扇"之名:"鲁少千者,山阳人也。汉文帝尝微服怀金过之,欲问其道。少千拄金杖执象牙扇出应门。"[52]

清代,象牙工艺十分发达。象牙扇的制作主要有两种方法。一种方法是编织。其制作程序复杂,要先将象牙浸泡药水使其软化,然后劈成宽不足1毫米、薄如细篾的牙丝进行编织。此牙丝编织工艺为广东工匠所擅长,雍正年间广东官员曾以象牙席进贡, 后雍正皇帝以象牙席过于奢靡为由下旨禁止制作。之后, 象牙扇便更加精益求精。在"宫中进单"中, 经常可以看到广东官员以此进献宫廷。另一种方法是雕刻, 制作时要将象牙镟削成轻薄的牙片, 之后使用钻孔梭锯进行细致镂锼。

（六）芭蕉扇

芭蕉扇, 又称葵扇、蒲扇、蒲葵扇等, 是一种用蒲葵叶制成的扇子, 历史悠久。《晋书·谢安传》载:"安少有盛名……安问其归资, 答曰:'有蒲葵扇五万。'安乃取其中者捉之, 京师士庶竞市, 价增数倍。"[53] 可见, 芭蕉扇在东晋时已相当普遍。

芭蕉扇多产于广东、福建等地, 以广东新会所产最为著名。其制作方法繁复精致, 清王廷鼎《杖扇新录》中有详细描述:"古有棕扇、葵扇、蒲扇、蕉扇诸名, 实即今之蒲扇, 江浙呼为芭蕉扇也。棕榈一种名蒲葵。《研北杂志》称《唐韵》棕字注云:'蒲葵也, 乃棕扇耳, 以其似蕉, 故亦名芭蕉扇。'产闽、广者多, 叶圆大而厚, 柄长尺外, 色浅碧, 干则白而不枯。土人采下阴干, 以重物镇之使平, 斸成圆形, 削细篾丝杂锦线缘其边, 即仍其柄以为柄, 曰'自来柄', 是为粗者。有截其柄, 以名竹、文木、洋漆、象牙、瑇(玳)瑁为之, 饰以翠蜨银花, 缘以锦边, 是为细者。通称之曰蒲扇, 或曰芭蕉扇, 实一物也。闺中及商人多用之。"[54]

除了上述几种最为主要的扇子, 清宫还有草编扇、藤编扇等, 此不赘述。

三　清宫书画扇

上文列举了一些不同材质的成扇, 这其中包括了绢面及纸面的折扇与团扇, 此类成扇多用于题诗作画。因书画扇在中国扇文化中占有举足轻重的地位, 并且清代宫廷书画扇极具特色, 故此单列一部分作专门阐述。

中国的文人骚客素喜挥毫翰墨, 展现才情。扇子作为书画艺术的载体之一, 以其独特的艺术形式为人们所喜爱。历代文人墨客、丹青妙手皆喜于扇面上题诗作画, 使得扇面书画艺术蓬勃发展。清代, 由于帝王对书画扇的喜爱, 使得这一艺术形式于宫廷兴盛不衰, 并在乾、嘉时期达到鼎盛, 极具清宫特色。

（一）书画扇概况

目前关于在素扇上作画的最早记录, 见诸张彦远《历代名画记》"杨修与魏太祖画扇, 悮(误)点成蝇"[55] 的故事。已知最早的书画合璧扇为王献之所题绘:"桓温尝请画扇, 误落笔, 因就成乌驳牸牛, 极妙绝。又书《牸牛赋》于扇上, 此扇义熙中犹在。"[56] 可见, 早在魏晋时期, 我国就已经出现了书画扇的实例, 但这一时期的成扇现已不可见, 今天所能见到的书画扇多为两宋后之物, 尤以明清时期最多。

宋人尚文, 绘画水平得到空前提高, 尤其是宫廷画院的建立, 对绘画的发展起到了推波助澜的作用。在这种艺术氛围下, 扇面书画亦得到飞速发展, 花鸟之"折枝"、山水之"边角"的绘画风格随之精进, 并于此时达到巅峰, 精妙之作尤多。

明代摆脱了元代被压抑的窘境, 扇面书画, 尤其是折扇书画开始走向复兴之路。期间有众多的绘画名家, 如"明四家"文徵明、沈周、唐寅、仇英等都创作过扇面书画。

及至清代, 到乾隆时期, 由于帝王笃好书画, 使得大量的丹青高手进入宫廷, 直接推动了书画艺术的进一步发展, 扇面书画, 尤其是宫廷扇面书画的创作和发展再次达到了鼎盛。

（二）清宫书画扇

清代历朝帝王均非常重视汉文化的研习, 他们诵读经典,

53 《晋书》卷七十九, 载《文渊阁四库全书》第256册, 史部一一四, 第305页, 台北商务印书馆。

54 黄宾虹、邓实编:《美术丛书》第二册, 第1191页, 江苏古籍出版社, 1997年。

55 （唐）张彦远:《历代名画记》卷四, 载《文渊阁四库全书》第812册, 子部一一八, 第316页, 台北商务印书馆。

56 （唐）张彦远:《历代名画记》卷五, 载《文渊阁四库全书》第812册, 子部一一八, 第319页, 台北商务印书馆。

57 中国第一历史档案馆、香港中文大学文物馆合编:《清宫内务府造办处档案总汇》第七册,第178页,人民出版社,2005年。

58 中国第一历史档案馆、香港中文大学文物馆合编:《清宫内务府造办处档案总汇》第七册,第237-238页,人民出版社,2005年。

59 《清宫陈设档》,《光绪二年惇本殿陈设》,第10页。

60 中国第一历史档案馆、香港中文大学文物馆合编:《清宫内务府造办处档案总汇》第一册,第57页,人民出版社,2005年。

挥毫泼墨,文化造诣颇深。书画扇蕴涵了深厚的文人意趣,因此为清代帝王所眷赏,而皇家的直接参与更是大力推动了扇面书画艺术的蓬勃发展。到乾、嘉时期,清代宫廷书画扇的收藏,已经达到了海量的地步,具体可分历代名家书画扇、御笔书画扇、宫廷书画家所作书画扇、侍从文臣所作书画扇等几大类。

1.历代名家书画扇

由于书画扇受到清代帝王的青睐,宫廷一直对历代名家书画扇加以收藏,清宫内府收藏的书画扇相当丰富。《清宫内务府造办处档案总汇》中有大量关于将前代书画扇分等次后收藏的记载,如乾隆元年八月"初一日,骑都尉唐岱来说太监毛团交字画扇二千二百二十四柄,传旨:'着唐岱分等次,钦此。'于本月初七日骑都尉唐岱将原交出字画各式扇二千二百二十四柄,分得等次持进,交太监毛团呈进讫"[57]。又乾隆元年八月"初四日,司库刘山久、七品首领萨木哈、催总五十八来说太监憨格交棕竹股金面仇英画扇三柄、棕竹股金面唐寅画扇一柄、棕竹股金面张宏画扇二柄、棕竹股金面吴令画扇一柄、棕竹股金面李世达画扇一柄、棕竹股金面陆冶画扇一柄、棕竹股金面文徵明画扇一柄、棕竹股金面商喜画扇一柄、棕竹股金面陈裸画扇一柄、棕竹股金面陈元素字画扇一柄、瓖(镶)棕竹股金面仇英画扇一柄、乌木股金面王宰画扇一柄、棕竹股金面谈志伊画扇一柄、斑竹股金面世贞子字画扇一柄、乌木股金面文徵明画扇一柄、玉竹股金面赵左画扇一柄、玉竹股金面谈志伊画扇一柄、玉竹股金面王雄照画扇一柄、玉竹股金面周之冕画扇一柄、玉竹股金面董其昌字画扇一柄、湘妃竹股金面思翁画扇一柄、象牙股金面唐寅字画扇一柄。传旨:'着将此扇二十五柄入在洋漆箱内,钦此。'于乾隆二年四月二十一日七品首领萨木哈将扇二十五柄接次配入在先交出盛扇洋漆箱内,交太监憨格呈进讫"[58]。

这些记录仅仅是清宫所藏名家书画扇之冰山一隅。由此可见,清代宫廷于历代名家书画扇的收藏是甚为丰富的,不但数量巨大,而且囊括了大批书画名家的作品。这些书画扇丹青优美、工艺精湛,深得清代帝王的喜爱,经常于日常鉴赏把玩。

2.御笔书画扇

除了珍藏历代名家之作,清代皇帝亦喜于成扇之上题诗作画,尤其是乾隆帝颇好此道,此外康熙帝、雍正帝、嘉庆帝、道光帝等亦均有不少的作品。这些作品主要有:

(1)皇帝御笔书画扇,如《乾隆帝绘寿萱图并书奉侍皇太后观荷诗折扇》《佚名绘花卉图道光帝书诗折扇》等;

(2)在历代名家画扇背面御笔题诗的书画扇,如《陈洪绶绘竹梅图乾隆帝书诗折扇》《仇英绘仙山楼阁图康熙帝书对月小饮诗折扇》《唐寅绘山水图乾隆帝临帖折扇》等;

(3)本朝词臣合作的书画扇,这些书画合璧扇,大多为一面词臣恭绘花鸟、山水等图,另一面为皇帝御笔诗文,如《蒋廷锡绘梅竹图康熙帝临米芾书折扇》《程琳绘山水人物图嘉庆帝书杜甫诗折扇》等。

皇帝御笔书画扇数量颇丰,清宫有大量相关记载,如《清宫陈设档》光绪二年惇本殿陈设记有:"雕紫檀木罩盖匣一对、内各盛御笔字诗扇十柄。雕紫檀木长方罩盖匣一件、内盛御笔字诗扇四十柄。紫檀木边黑漆心入角罩盖盒一件、内盛御笔字诗扇四十一柄。"[59]其中御笔书画扇达101柄,而这仅为惇本殿一处所藏,由此可见皇帝御笔书画扇数量是非常庞大的。

3.宫廷书画家所作书画扇

清代宫廷书画扇的创作,除皇帝御笔亲为外,还常常敕命宫廷画师创作大量书画成扇,这从内务府造办处档案中就可看出。如雍正元年七月,"十六日,怡亲王交扇子四十柄。王谕:'着西洋人郎士(世)宁画,遵此'"[60]。又如乾隆元年四月"初一日,员外郎常(保)来说太监毛团交曹扇二十柄。传旨:'着唐岱、郎世宁、沈源画三色泥金，钦此。'于本月十五日领催白世秀将画得三色泥金曹扇二十柄交太监毛团呈进讫"[61]。

这些宫廷画师作为皇室的御用画家，在绘画的题材、表现手法等方面均受到宫廷绘画制度的制约。首先在风格上，需要遵从皇帝的审美取向。清代宫廷绘画风格主要从乾隆时期开始逐步成型，无论花鸟画还是山水画题材，都以华美、细腻的风格为主，书写字体也以清宫"馆阁体"为标准，以体现皇家的富贵气韵。如《丁观鹏绘人物图永琰书乾隆帝御制诗折扇》。其次，在一些画面的细节上，宫廷画家也是严格按照皇帝的敕命进行绘制。如《内务府造办处各作成做活计清档》的"如意馆呈稿"中，记道光十五年（1835年）四月十六日，懋勤殿太监高进朝"交团扇四柄，传旨：'一柄画兰花，一柄画栀子，一柄画荷花、蛤蟆，一柄画墨牡丹，着沈振麟、焦和贵、沈元、沈利分画'"[62]。有些细节要求甚至可以称为不厌其烦，如雍正三年三月"二十八日，揔（总）管太监张起麟交画扇一柄、素扇二柄，传旨：'水（原字即如此）照此样画，仙鹤画九个、松树画九颗（棵）、柏树画四颗（棵）、远山近山随意画好着。其余照此样画。钦此。'"[63]。

此外，在落款方面，宫廷画家也受到了来自皇家的制约，不可随意落款。对此，清宫档案中有明确的记载，如《内务府造办处各作成做活计清档》记道光十六年（1836年）三月初四日懋勤殿太监高进朝"交团扇六柄，传旨：'着沈元、沈利、杨文德每人画二柄，要画花卉、二美人、二小人，具不落款'"[64]。这种制度并不是特例，有清一代，宫廷书画家奉敕创作的书画作品，均不能随意具署名款。

4.侍从文臣所作书画扇

由于皇帝对书画扇的喜爱，侍从文臣或奉旨、或为投其所好创作了大量的书画扇进献给皇帝，以博取帝王的欢心，这其中以清乾隆时期作品为最。

这些成扇大多一面绘山水、花鸟等图，另一面书历代名帖、诗文或皇帝的御制诗文。乾隆帝喜诗词翰墨，御制诗文多以万计，而他的臣子们就经常于扇上书写乾隆御制诗呈进给皇帝。如《永瑢绘山水图并书乾隆帝御制诗折扇》《王敬铭绘山水图刘墉书乾隆帝御制诗折扇》《董诰绘山水图和珅书乾隆帝御制诗折扇》等，不胜枚举。

这些清代宫廷书画成扇，工艺精良、书画精妙、意境深远，与清代宫廷书画工谨、细腻风格相一致，共同成就了清代独具特色的宫廷书画成扇艺术。

四　清宫成扇的主要来源

（一）进贡所得

清代地方督抚大员等，凡逢年节、帝后寿日之时，需向皇帝与皇室进贡，向有年贡、例贡和岁贡。所贡之物品类繁多，无奇不有，精美异常，由于受到皇帝的青睐，扇子经常被列入其中。

清人吴振棫《养吉斋丛录》专门载有《进贡物品单》，如"两广督端阳进……花卉扇一百柄；浙江抚端阳进……画扇五十柄；安徽抚进……青阳扇一百柄；江西抚端阳进……南丰扇五十柄"[65]。

地方名扇亦多作为土贡进献宫廷。葵扇是广东特产，以新会葵扇最为驰名。乾隆六年《新会县志》记有"督抚两院，每年采为方物，而货行天下"，这与贡档所记相符[66]。除了芭蕉扇，牙丝扇也是广东特产，经常供奉宫廷。如乾隆五十九年的广东贡品中有"牙丝宫扇五柄（长麟四月十八日进），牙丝宫扇五柄（郭世勋四月二十三日进），牙牌葵扇一百柄"[67]等。

除此之外，帝王出巡，沿途各省官员人等，也均要向皇帝及皇室随行成员敬献各种贡品，以取悦于帝王。乾隆四十一年（1776年）春乾隆帝南巡山东，沿途蒙古王公、巡抚官员等恭进了

61 中国第一历史档案馆、香港中文大学文物馆合编：《清宫内务府造办处档案总汇》第七册，第176页，人民出版社，2005年。

62 中国第一历史档案馆：《内务府造办处各作成做活计清档》，档案起止号2992-2999，胶片编号19。

63 中国第一历史档案馆、香港中文大学文物馆合编：《清宫内务府造办处档案总汇》第一册，第411-412页，人民出版社，2005年。

64 中国第一历史档案馆：《内务府造办处各作成做活计清档》，档案起止号2992-2999，胶片编号19。

65 林永匡、王熹：《清代皇室与年例岁贡》，《故宫博物院院刊》1990年第4期，第72-74页。

66 杨伯达：《清乾隆五十九年广东贡物一瞥》，《故宫博物院院刊》1986年第3期，第8页。

67 杨伯达：《清乾隆五十九年广东贡物一瞥》，《故宫博物院院刊》1986年第3期，第6-7页。

68 林永匡、王熹:《清代皇室与年例岁贡》,《故宫博物院院刊》1990年第4期,第77页。

69 中国第一历史档案馆、香港中文大学文物馆合编:《清宫内务府造办处档案总汇》第十五册,第74-75页,人民出版社,2005年。

70 中国第一历史档案馆、香港中文大学文物馆合编:《清宫内务府造办处档案总汇》第十六册,第180页,人民出版社,2005年。

71 中国第一历史档案馆、香港中文大学文物馆合编:《清宫内务府造办处档案总汇》第八册,第268页,人民出版社,2005年。

72 中国第一历史档案馆、香港中文大学文物馆合编:《清宫内务府造办处档案总汇》第十六册,第767页,人民出版社,2005年。

73 中国第一历史档案馆、香港中文大学文物馆合编:《清宫内务府造办处档案总汇》第十六册,第182页,人民出版社,2005年。

74 中国第一历史档案馆、香港中文大学文物馆合编:《清宫内务府造办处档案总汇》第二册,第11页,人民出版社,2005年。

75 中国第一历史档案馆、香港中文大学文物馆合编:《清宫内务府造办处档案总汇》第二册,第355页,人民出版社,2005年。

76 中国第一历史档案馆、香港中文大学文物馆合编:《清宫内务府造办处档案总汇》第三册,第52页,人民出版社,2005年。

大量财物,其中三月初八日河东河道总督姚立德恭进的物品中就有"曹扇一百柄"[68]。

清宫用扇绝大部分由地方每年进贡所得。当然,所进之扇并非皆合帝意,也有因为种种原因而被禁止日后再进的,如乾隆十二年《记事录》,五月"十三日奉旨:'吉葆所进端阳节贡物折内……江宁扇、十锦扇、宫扇……安宁所进贡物折内……雕边曹扇、雕边半金扇,嗣后不必进……申祺所进贡物折内十锦宫扇、棕竹曹扇、堆纱顾绣宫扇,图拉所进贡物折内十锦洒金宫扇、斑竹合青曹扇,嗣后不必进……唐英所进贡物折内墨刻折扇、鹅毛扇,嗣后不必进,钦此'"[69]。

(二)江南三织造承制

江宁(今南京)、苏州和杭州三处官营织造局统称江南三织造。江南三织造主要承办清代皇宫所用织绣制品。此外,还经常奉旨制作其他物品。如乾隆十三年四月"二十六日司库白世秀来说太监胡世杰交藏经纸二十张,随股样一张,传旨:'着交图拉做棕竹股扇二十柄,钦此。'于闰七月十三日司库白世秀将苏州织造图拉送到藏经纸面棕竹股雕竹子花纹扇二十柄持进,交太监胡世杰呈览。奉旨:'留下,钦此'"[70]。又乾隆三年二月,"二十一日,司库刘山久来说太监毛团、高玉交棕竹小扇一柄,传旨:'着交织造海保照此扇之尺寸另改样式,往秀气精致做,各样扇十柄,不可多做,亦不必按节呈进,钦此。'于本年五月二十六日……将海保送来十锦小扇十柄二匣,随原样扇一柄持进……"[71]

江南三织造在奉旨承做各式扇子的过程中,还经常需要按照皇帝的要求进行改制。乾隆十四年二月"二十八日司库白世秀、达子来说,太监胡世杰交……御笔字乌木股仇英画金面扇一柄……御笔字竹股钱贡画一面藏经纸面一面金面扇一柄、御

笔字棕竹股唐寅画金面扇一柄……传旨:'着交图拉仍用画面各配洒金面,将字面换下随扇送来。其扇股有出油处俱亦收什(拾)好送来,钦此。'于四月三十日司库达子将苏州织造图拉送到各式扇面二十柄换得洒金面收什(拾)骨子并换下扇面二十柄持进,交太监胡世杰呈进讫"[72]。

再乾隆十三年五月"二十九日司库白世秀、七品首领萨木哈、催总达子来说太监胡世杰交棕竹股金面扇十柄、藏经纸十张,传旨:'着交南边将股子上边去一寸五分,中间鸡腿台收矮一寸,轴子头长里下去一分,股子去三根,用藏经纸做扇面,将旧扇面拆下交进,钦此'"[73]。

清宫本设内务府造办处,但根据档案可知皇帝还是经常下旨由江南三织造承担制作或改制成扇的任务。由此可见,江南地区的制扇工艺极为精湛,所制最佳。

(三)清宫内务府造办处承制

清代内务府造办处,下设有数十个作坊,汇聚了大批的能工巧匠,所涉及的领域涵盖生活的各个方面,其中如木作、杂活作等均有奉敕制作各类成扇,如雍正四年七月,"二十七日,据圆明园来帖内称太监杜寿传旨:'着做圆扇四柄,钦此'"[74]。"于八月十七日做得班(斑)竹靶月白杭细圆扇二把,首领太监程国用持去,交太监刘希文收讫。于八月十九日做得班(斑)竹靶月白杭细圆扇一把,香色杭细圆扇一柄,首领太监程国用持去,交太监刘希文收讫"[75]。又雍正六年三月"十九日,拠(据)圆明园来帖内称本月十八日副揔(总)管太监李英传旨:'着照先做过的班(斑)竹靶红纱扇做十把,钦此'"[76]。

此外,内务府造办处有时也承接将不合皇帝心意的扇子进行修改的任务。如乾隆四年五月"初五日,七品首领萨木哈、催总白世秀来说,太监胡世杰交象牙宫扇一柄,传旨:'靶子

中间压条花头不好，着俱各另配做，先画样呈览，准时再做，钦此'……于八月十六日首领李久明将改得象牙宫扇一柄持进，交太监毛团、胡世杰、高玉呈进讫"[77]。

五　清宫成扇的流布

清宫成扇不仅为夏日拂暑、书画鉴赏之用，还经常被当做赏赐之物。因为文献记载甚少详言所赏扇子的具体品类，而且可以确指的相关实物又非常稀少，因此对于清代皇家成扇的赏赐情况只能略加述及。如雍正七年五月"初四日，太监胡全忠持来赏巡抚田文镜宫扇四把，说太监王常贵传着做里外糊黄纸木匣一个盛装，记此"[78]。雍正九年正月"十九日，敬事房首领太监周世辅来说，宫殿监督领侍陈福、副侍苏培盛交来……各式扇子十二匣，每匣五把……传旨：'着配杉木箱，用棉花塞垫稳，赏鄂尔斯用。钦此'"[79]。又雍正十年四月"十六日，据圆明园来帖内称，本日宫殿监督领侍陈福、副侍刘玉交赏达赖喇嘛、波罗鼐……扇子……等项。传：着配箱盛装，记此"[80]。

这些精美的成扇不仅仅用于赏赐臣子，还跨越国界，远赐邻邦。如雍正三年十月"初七日，揔（总）管太监张起麟着首领太监周士福交来……各样扇子一百把……传旨：'赏西洋国教王，钦此'"[81]。雍正五年四月"二十八日，郎中海望、员外郎沈崰传做盛赏西洋国王磁（瓷）器、缎子等件，用杉木箱四十个，楠木箱一个，记此……内装物件开后：米家山水宫扇一把、绣花宫扇一把、透绣百古宫扇一把、透绣云龙宫扇一把……透绣宫扇五把……以上物件郎中海望着催总常保、柏唐阿五十八送去交御史常保住（原字即如此）讫"[82]。由此，清宫成扇传入欧洲，成为中西方文化交流的使者之一。

于此之前，中国的扇子早已传入欧洲，而其中折扇尤其受到宫廷和贵族妇女的青睐，风靡于上流社会。欧洲国家不仅开始大量仿制折扇，还不断地从中国进口，中国商人亦开始制作符合西方审美的外销扇输入欧洲。

结语

清代宫廷成扇品类繁多，囊括了其时成扇的主要品种。由于每年均有大量的成扇由地方、臣子等贡入宫廷，再加之敕命制作，因此清代宫廷成扇的数量极其庞大。又由于这些成扇是宫廷皇室所用之物，因此设计雅致精美、用料名贵考究、工艺精湛至极，所制成扇精工无比、美不胜收，并且能够推陈出新，以期所制独具创新、别具一格。书画扇以其独特的艺术形式而为人们所喜爱，清代更是受到帝王的眷赏。皇家的推崇极大地推动了扇面书画艺术的发展，使得书画成扇于清宫兴盛不衰。这些书画成扇丹青优美、笔墨精妙、韵味绵长。清代宫廷成扇具有极高的历史价值和艺术价值，并且极富清宫特色，是中国扇文化的重要组成部分。这些幅不盈尺的扇子凝聚了国人的聪明才智，是博大精深的中华文化的瑰宝。

77　中国第一历史档案馆、香港中文大学文物馆合编：《清宫内务府造办处档案总汇》第八册，第798页，人民出版社，2005年。

78　中国第一历史档案馆、香港中文大学文物馆合编：《清宫内务府造办处档案总汇》第三册，第550页，人民出版社，2005年。

79　中国第一历史档案馆、香港中文大学文物馆合编：《清宫内务府造办处档案总汇》第四册，第657-659页，人民出版社，2005年。

80　中国第一历史档案馆、香港中文大学文物馆合编：《清宫内务府造办处档案总汇》第五册，第254页，人民出版社，2005年。

81　中国第一历史档案馆、香港中文大学文物馆合编：《清宫内务府造办处档案总汇》第一册，第456-457页，人民出版社，2005年。

82　中国第一历史档案馆、香港中文大学文物馆合编：《清宫内务府造办处档案总汇》第二册，第588页，人民出版社，2005年。

Abstract of Qing Fans in the Palace Museum Collection

Xie Li

There are close to ten thousand fans in the collection of the Palace Museum, most of which derive from the imperial collection of the Qing court. Much of the Qing collection is made up of folding and circular fans made of paper and textiles including thin tough silk, silk, satin, gauze and *kesi*. A smaller number were made of bamboo, feathers, ivory, or palm leaves. Studies on the fans in the collection reveal two peaks of fan manufacture and collection by the Qing court. The first peak appeared during the Qianlong Emperor's reign, when exquisitely designed fans were made with superb craftsmanship from carefully selected materials for imperial use. This period marked the climax of fan collection and production in the Qing dynasty. The second peak emerged when Empress Dowager Cixi took control of the Qing government. The number of fans in the Qing court collection rose sharply during this period, and most of the Qing fans currently in the Palace Museum collection were made during that period. Despite the large number of fans, however, there are few masterpieces, as the late Qing dynasty court, facing domestic troubles and foreign aggression, was in severely lacking financial resources. Thus the fans of this period could not match those made in the mid-Qing in terms of aesthetics or craftsmanship.

The Qing emperors particularly preferred fans with calligraphy or paintings for their literary appeal. As a result the art of calligraphy and painting on fans was greatly promoted and thrived. There are four broad types of fans bearing calligraphy or paintings in the Qing court collection. First are fans with calligraphy or paintings by renowned masters of different dynasties. Second are fans featuring an emperor's handwriting or painting, including poems inscribed by emperors on the back of fans bearing the work of a famous artist, those bearing calligraphy or painting jointly created by an emperor and his court officials, and those created by an emperor alone. Third are fans bearing calligraphy or painting by court painters. Working exclusively for the imperial court, court painters had to follow certain rules on theme selection, means of expression, aesthetic direction and even the signature on a painting. Fourth are fans bearing calligraphy or painting by court officials. Such fans were made either by imperial order or as an attempt to win the emperor's favor by catering to his tastes. These are most commonly found among works of the Qianlong Emperor's reign. Usually, such a fan features a landscape or flower-and-bird painting on one side of the fan face and renowned calligraphy work, poems from different dynasties, or an emperor's poems on the other side. The Qing fans feature superb craftsmanship, and meaningful and exquisite calligraphy works or paintings which conform to the elaborate style of court paintings and calligraphy works. Thus they collectively comprise a unique Qing art form.

Fans in the Qing imperial collection mainly derive from three sources. Quite a number of fans arrived as part of yearly and routine tributes paid by high-ranking officials to the imperial family and the emperor at festivals and the emperor's or empress's birthdays. The tributes were of various kinds and were usually exceptionally fine curios. As fans were among the emperors' favorite items, they were commonly seen in such tributes. Some fans were made by the three imperial weaving workshops in the Yangtze River Delta; records show that the three workshops often made or altered fans by imperial order. Other fans were made or altered by the Royal Workshops under the Imperial Household Department.

Fans were not only used to induce an airflow against the summer heat and for appreciating calligraphy and painting, but also as rewards both for court officials and for representatives of other countries. Qing fans thus went as far as Europe, becoming cultural envoys between China and western countries.

The fans in the imperial collection of the Qing court possess high historical and artistic value, and vividly display the unique character of the Qing dynasty. They constitute a crucial part of the culture of fans in China. In the small form of the fan we see crystallized the intelligence and skill of the people of China; these items stand as precious embodiments of the country's rich and extensive culture.

图版目录

御赏珍品

琳琅满目

匠心巧思

List of Plates

Treasures to Please an Emperor

A Dazzling World

The Craftsman's Genius

图版

PLATES

御賞珍品

Treasures to Please an Emperor

1

蒋廷锡绘梅竹图康熙帝临米芾书折扇
清（1644～1911年）
纵34厘米　横56厘米
___

Folding Fan with Plum Blossoms and Bamboo
Painted by Jiang Tingxi with Kangxi Emperor's
Characters in Imitation of Mi Fu's Calligraphy

Qing Dynasty (1644 ~ 1911)
Height: 34 cm Width: 56 cm

蒋廷锡（1669～1732年），字扬孙，号西谷，又号南沙。江苏常熟人。康熙四十二年（1703年）进士，官至大学士。工诗，擅画花卉，笔墨色彩近恽寿平，并能作水墨写意兰竹，颇受当时帝王赏识。此扇一面为蒋廷锡绘梅竹图。蒋氏的作品大多呈两种面貌，一为墨笔、淡设色的小写意花鸟，一为工笔浓彩的细谨风格。此图即为后者，笔致精细，敷色冶艳，极富皇家华贵典雅的气韵。另一面为康熙帝临米芾书，所书内容出自李峤《都堂试贡士日庆春雪》，释文

为："锡瑞来丰岁，旌贤入贡辰。摇轻梅共笑，飞弱柳和春。绕砌封琼屑，依阶喷玉尘。蜉蝣吟更切，科斗映还新。鹤氅迷难辨，冰壶鉴易真。因歌大君德，率舞咏陶钧。临米芾元章。"引首钤"佩文斋"白长方，后钤"康熙宸翰"白方、"保合太和"朱方印。康熙的书法以学董其昌为主，兼习诸家，具有较好的书法基础，此扇所书作行书，行笔规矩，笔力偏弱，应是他早期的临习之作。（谢丽）

2

蒋廷锡绘梅雀图
康熙帝书雪梅诗折扇
清(1644～1911年)
纵31.3厘米　横50厘米

Folding Fan with Plum Blossoms and Sparrow
Painted by Jiang Tingxi and Poem in Praise
of Plum Blossoms in Snow Written by Kangxi
Emperor
Qing Dynasty (1644 ~ 1911)
Height: 31.3 cm　Width: 50 cm

此扇一面为蒋廷锡绘梅花山雀，图中山雀笔法细腻精工，神态自然，有栩栩如生之貌，梅花则勾写兼备，风格清爽。款署"臣蒋廷锡"，钤"臣廷锡"朱白方、"朝朝染翰"白方印。另一面为康熙御笔书诗："积雪梅犹冷，春寒竹色沉。

占年思易作，恶酒自高吟。久止通辰乐，更新味道深。光风来锦甸，生气佐同心。得梅后宫中树。"钤"康熙宸翰"白方、"保合太和"朱方印，引首印为"佩文斋"白长方印。(谢丽)

3

**蒋廷锡绘眉寿万年图
雍正帝书诗折扇**

清(1644~1911年)
纵31厘米 横51.2厘米

Folding Fan with Birds and Flowers Painted by
Jiang Tingxi and Poem Written by Yongzheng
Emperor

Qing Dynasty (1644 ~ 1911)

Height: 31cm Width: 51.2 cm

此扇所作花卉、蝴蝶，笔法精细，敷色妍丽，很好地发挥了恽氏花鸟形象生动、色彩明媚的特点，颇为符合清代宫廷绘画富贵堂皇的皇家气度，但却失之于恽氏"野逸"的神韵。另一面为雍正帝书诗一首："湖入苑西边，湖头胜事偏。绿竿初长笋，红颗未开莲。蔽日高高树，迎人小小船。清风长入座，夏月似秋天。

唐戍昱题湖上亭。雍正御笔录于四宜堂。"钤引首印"为君难"朱长方，后钤"朝乾夕惕"白方、"雍正宸翰"朱方印。雍正的书法出于其父康熙的董体书风，但其行书又兼糅了苏轼之法，笔墨厚润饱满，与其父康熙的书法相比更加富于变化。(谢丽)

乾隆帝绘寿萱图并书奉侍皇太后观荷诗折扇

乾隆二十五年(1760年)
纵29厘米　横47厘米

Folding Fan with Qianlong Emperor's Painting of Day Lily and Poem Commemorating Empress Dowager Enjoying Lotus

The 25th year of Qianlong Emperor's reign (1760)

Height: 29 cm Width: 47 cm

此扇一面乾隆绘墨笔萱花，并自识："寿萱图。书诗后并写，敬奉圣母清玩。"钤"几暇怡情"白方、"得佳趣"白方印，左下角又有"笔端造化"白方印。另一面为乾隆御书："月地霞筵侍懿慈，升平御苑即瑶池。解能扇暑疑厨菫，为是延年号泽芝。倾露烹茶胜仙掌，曝阳游叶出灵龟。今来分外邀萱豫，西域师还旸雨时。庚辰长夏，奉皇太后观荷恭纪书进。"钤"乾""隆"朱白方联印。

此扇按乾隆自题，应是乾隆二十五年(1760年)，乾隆书诗并画后，敬奉给他的母亲崇庆皇太后赏玩之用。

崇庆皇太后(1693～1777年)，即清世宗(雍正)之熹贵妃。她出身名门，深受雍正帝胤禛的恩宠，后生下弘历。弘历登基后，根据雍正帝遗命，封为皇太后，即崇庆皇太后。弘历对她可谓敬爱有加，在位期间数次出巡，皆侍奉皇太后同行，与其左右不离。每遇皇太后万寿，其礼贺庆典一次比一次隆重。《裕陵神功圣德碑文》中有载乾隆帝"事孝圣宪皇后四十二年，晨昏问侍，扶掖安辇，极尊养之，隆祝厘让，善至于终身"。母子情深可见一斑，崇庆皇太后当为有清一代最具福寿的皇太后。(谢丽)

5

**乾隆帝绘寿萱介石图
并书问安即事诗折扇**

乾隆二十七年 (1762年)

纵28.5厘米　横45厘米

Folding Fan with Qianlong Emperor's Painting
of Day Lily and Rocks and Poem Paying
Respects to Empress Dowager

The 27th year of Qianlong Emperor's reign (1762)

Height: 28.5 cm　Width: 45 cm

扇一面为乾隆御笔绘萱花奇石，笔法朴
秀，墨色淡雅，自识曰："寿萱介石。红杏园
驻跸日写此驰进，以博慈颜一笑。御笔。"钤
"几暇怡情"白方、"得佳趣"白方印，另有"写
生"朱方印。另一面为乾隆御笔书诗："川陆邮
程会德水，起居今日觐慈云。御舟敬悉适眠
食，半月萦怀一旦欣。壬午清和至德州，恭诣
皇太后宫问安，即事敬成书笺以进。御笔。"钤
"乾""隆"朱圆方连印，引首印"三希堂"白长方
印。(谢丽)

陈洪绶绘竹梅图乾隆帝书诗折扇
明（1368～1644年）
纵29厘米　横46厘米

Folding Fan with Bamboo and Plum Blossoms
Painted by Chen Hongshou and Poem Written
by Qianlong Emperor
Ming Dynasty (1368 ~ 1644)
Height: 29 cm　Width: 46 cm

此扇一面为明代陈洪绶绘梅竹图，陈洪绶工诗，擅画，于山水、人物、花鸟无不精妙，以奇傲古拙的艺术效果独树一帜。与崔子忠齐名于南北，世称"南陈北崔"。另一面为乾隆帝御笔书诗："楼既收彼远，室亦效其深。曲廊堪屟步，幽舍诚怡心。洒然生别会，遥当经近寻。万里无涯涘，原因方寸斟。额名题自昔，额义释

于今。题效深室之作，癸丑暮春月上瀚御笔。"钤"八徵耄念"朱方、"自强不息"朱方印。此诗作于乾隆五十八年（1793年），收录于《乾隆诗集》。乾隆的书法各体皆能，以行书见长，但结体软滑圆媚，缺少了文人纵逸之韵，此扇所书即体现出他典型的书法特征。（谢丽）

7

恽寿平绘菊花图乾隆帝书诗折扇

清（1644～1911年）

纵32.5厘米　横55厘米

*Folding Fan with Chrysanthemums Painted by
Yun Shouping and Poem Written by Qianlong
Emperor*

Qing Dynasty (1644 ~ 1911)

Height: 32.5 cm　Width: 55 cm

此扇一面为恽寿平绘菊花。恽氏初名格，字寿平，后以字行，号南田等，江苏武进（今常州）人。他幼承家学，师法黄公望，后改习花鸟，继承和发展了徐崇嗣的"没骨法"，创造出形象生动、色彩明媚、笔调简洁的新画风，一时风从甚众，形成"常州派"。此图笔墨清润，敷色淡雅，有自题两段，自言仿徐熙墨花法，并作变化而成此图。徐熙是南唐著名画家，善画花竹林木、蝉蝶草虫，能栩栩如生。此图恽氏很好地诠

释了徐熙"野逸"的风格，以水墨着色渲染，用笔含蓄，风格明丽简洁，是一件上佳之作。另一面为乾隆帝御书："知足下连不快，何尔耿耿，善将适，吾积羸困，而下积日不断，情虑尚深，殊乏自力，不能悉。御临。"钤引首印"研露"朱长方，后钤"惟精惟弌"白方、"乾隆宸翰"朱方印。此书原为王羲之草书《不快帖》，曾入刻《淳化阁帖》等。（谢丽）

董邦达绘山水图乾隆帝书诗折扇

清（1644～1911年）

纵34.5厘米　横59厘米

Folding Fan with Landscape Painted by
Dong Bangda and Poem Written by Qianlong
Emperor

Qing Dynasty (1644 ~ 1911)

Height: 34.5 cm　Width: 59 cm

此扇一面为墨笔山水，为清代著名词臣画家董邦达所绘，画中平湖远山，疏林茅舍，一派自然秀润景貌，山石景物以枯笔皴写，墨色干湿相间，风格苍逸，却又不失文人逸趣，是董氏山水的典型面貌。另一面为乾隆帝书《溪窗夕眺》，释文为："春岸维舟驻渚宫，水天闲凭夕窗中。扁舟去者谁浮月，破席泠然尚受风。一缕长堤柳已绿，数家野店杏将红。明朝整辔行遵陆，意托烟波渺不穷。溪窗夕眺一律，御笔。"钤"大块假我以文章"白方、"秀色入窗虚"白方印。

（谢丽）

9

董邦达绘山水图乾隆帝书诗折扇

清（1644～1911年）

纵34厘米　横58厘米

Folding Fan with Landscape Painted by
Dong Bangda and Poem Written by Qianlong
Emperor

Qing Dynasty (1644 ~ 1911)

Height: 34 cm　Width: 58 cm

此扇一面为董邦达绘墨笔山水，此图构图淡泊萧散，以干笔擦写山石、树干，笔致苍劲，极有元人神韵，从中不难看出他上承"四王"、董其昌，进而师法宋元诸家，面貌苍润秀丽的绘画风格。另一面则是乾隆帝御笔行书诗一首："腊雪虽逢望渥霶，发春天泽喜均罩。祥花瑞叶元正二，客岁今年积素三。生意寒梅珠半绽，画情温树玉全含。同云远布怀九宇，伫待佳音达奏函。雪中一律，御笔。"钤引首印"宸翰"白长圆，后钤"乾隆宸翰"朱方、"几暇临池"白方印。（谢丽）

10

戴衢亨绘山水图嘉庆帝书诗折扇

嘉庆五年（1800年）
纵34.4厘米　横54厘米

Folding Fan with Landscape Painted by Dai Quheng and Poem Written by Jiaqing Emperor

The 5th year of Jiaqing Emperor's reign (1800)
Height: 34.4 cm　Width: 54 cm

扇一面戴衢亨绘山水图。另一面为嘉庆帝御笔录杜甫诗《游龙门奉先寺》《望岳》两首，释文为"已从招提游，更宿招提境。阴壑生虚籁，月林散清影。天阙象纬逼，云卧衣裳冷。欲觉闻晨钟，令人发深省。""岱宗夫如何？齐鲁青未了。造化钟神秀，阴阳割昏晓。荡胸生曾云，决眦入归鸟。会当凌绝顶，一览众山小。"根

据款识"庚申孟夏月朔日御笔"，可知此扇书于嘉庆五年（1800年）。扇股为竹雕人物图股，虽无款识但雕刻精细，技法娴熟。

戴衢亨（1755～1811年），字荷之，号莲士。乾隆四十三年（1778年）状元，官体仁阁大学士等职。善画山水。（谢丽）

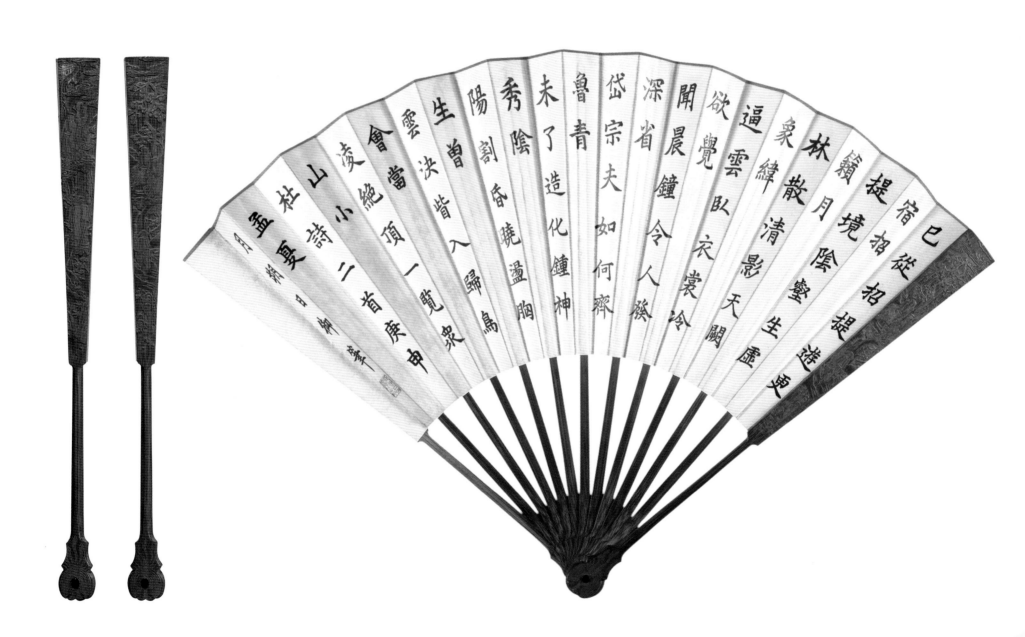

11

**程琳绘山水人物图
嘉庆帝书杜甫诗折扇**

嘉庆五年(1800年)

纵34.4厘米　横56厘米

Folding Fan with Landscape and Figures
Painted by Cheng Lin and Poem by Du Fu
Calligraphed by Jiaqing Emperor

The 5ᵗʰ year of Jiaqing Emperor's reign (1800)

Height: 34.4 cm　Width: 56 cm

扇一面绘山水人物图,一老者手捻长髯骑马前行,小童跟随其后。款署"臣程琳恭画",钤"臣"白方、"琳"朱方联印。程琳(生卒年不详),字云来。安徽歙县人,徙居嘉兴。画擅花卉,更以水墨牡丹见长,但作品流传甚少。另一面为

嘉庆帝御笔录杜甫《陪郑广文游何将军山林》十首之其中五首,款署"嘉庆五年孟夏月立夏日敬胜斋御笔",钤"嘉"朱长圆、"庆"白长方印。扇股为留青竹雕人物图股。(谢丽)

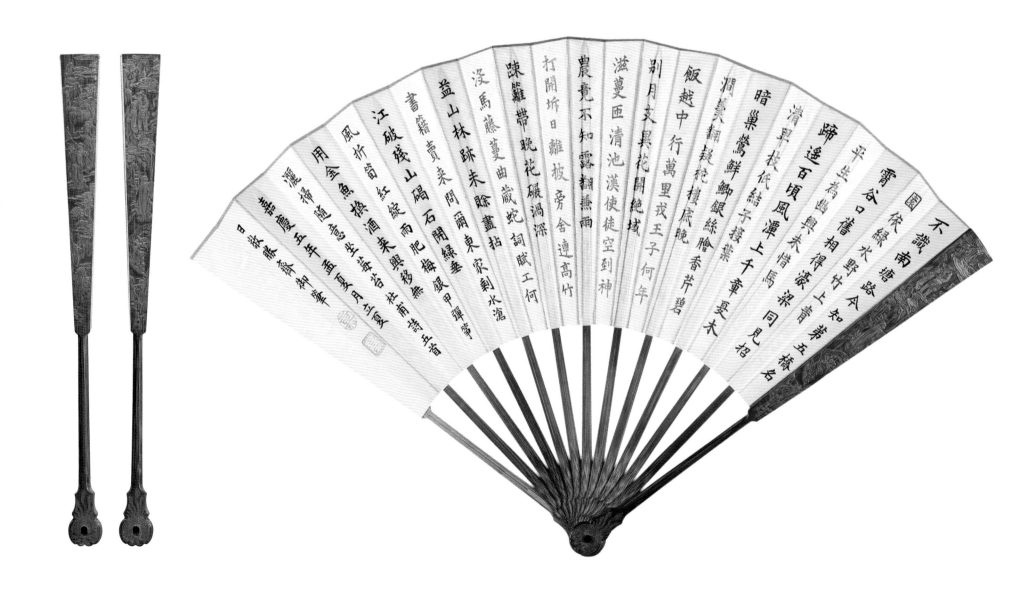

12

道光帝绘山水图折扇
道光十五年（1835年）
纵29.1厘米　横48厘米

Folding Fan with Landscape Painted by
Daoguang Emperor
The 15th year of Daoguang Emperor's reign (1835)
Height: 29.1 cm　Width: 48 cm

扇黑面泥银行书诗句："云净天空眼界宽，心清随地总能安。存诚当俭无需论，同道知音自古难。野水遥分秋墅外，斜阳初下远峰端。曰窗曰壁仍嫌巧，不见严冬破屋寒。"落款为"道光乙未仲夏录旧作思俭居诗，御笔"，下钤"道光宸翰"白方、"养正书屋"朱方印，背面泥金彩色仙猿桃树图，取猕猴献寿之寓意。

养正书屋是嘉庆元年，嘉庆皇帝御书赐予皇子旻宁在园中读书之处的匾额。道光十一年（1831年）慎德堂建成后，将其移至慎德堂内。道光皇帝自号"养正书屋"，御用"养正书屋"印，谕令烧制"养正书屋"款瓷器，并有《养正书屋诗文集》。（黄英）

13

佚名绘花卉图道光帝书诗折扇

道光十五年（1835年）

纵29厘米　横48厘米

Folding Fan with Flowers Painted by an
Anonymous Artist and Poem Written by
Daoguang Emperor

The 15th year of Daoguang Emperor's reign (1835)

Height: 29 cm　Width: 48 cm

扇一面佚名绘花卉图，笔致精细，色彩清丽。另一面为道光帝书七律一首："红云几簇映乎池，半放金开高下枝。珍重蜂髯香可抱，等闲蝶翅粉先披。清芬好藉和风拂，国色刚逢宿雨滋。次第名花供胜赏，最宜春晚度初时。牡丹。道光乙未季夏御笔。"钤引首印"道光"，后钤"道光宸翰"白方、"慎静斋"朱方印。扇股为棕竹细股。（谢丽）

14

文徵明绘山水图
永琰书安澜园十咏折扇

明（1368～1644年）
纵31.2厘米　横41厘米

Folding Fan with Landscape Painted by Wen Zhengming and Ten Poems in Praise of Anlan Garden Written by Yongyan

Ming Dynasty (1368 ~ 1644)
Height: 31.2 cm　Width: 41 cm

此扇一面为文徵明绘山水小景，构图简洁，笔墨清丽含蓄，风格文雅恬静，是文氏细笔山水风貌。文徵明精善书画，造诣颇高，绘画上与沈周、唐寅、仇英并称"吴门四家"。另一面为永琰书《御制安澜园十咏》分别为："莳经馆""四宜书屋""无边风月之阁""涵秋堂""远秀山房""染霞楼""绿帷（唯）舫""飞睇亭""烟月清真楼""采芳洲"，款署"子臣永琰敬书"。按款署可知，此书当是嘉庆身为皇子时所书，字体清丽方正，书写工谨用心，是他早期书法特色。

（谢丽）

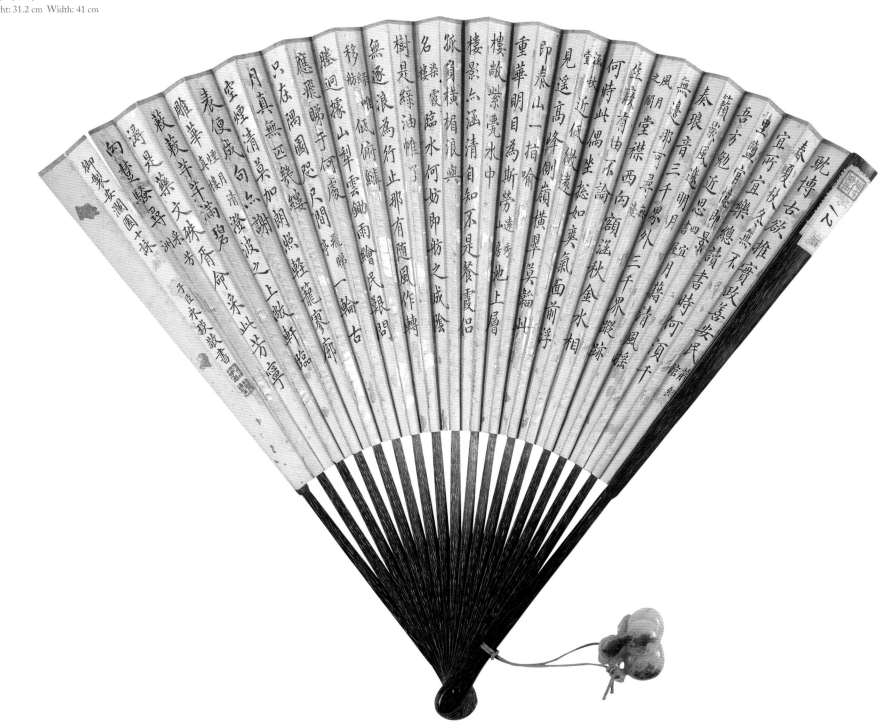

15

陆治绘花卉图永琰书诗折扇

明 (1368～1644年)

纵32厘米　横43厘米

Folding Fan with Flowers Painted by Lu Zhi
and Poem Written by Yongyan

Ming Dynasty (1368 ~ 1644)

Height: 32 cm　Width: 43 cm

此扇一面为陆治绘秋海棠、玉簪花，笔法精研，敷色秀雅，钤印"陆治之印"白方、"陆氏叔平"白方印，另有鉴藏印"朱之赤鉴赏"朱长方印。另一面为永琰书乾隆御制诗，款署"御制清旷楼咏竹四首，子臣永琰敬书"。钤"子臣永琰"白方、"敬书"朱方印。永琰是嘉庆帝登基之前所用之名，因此，此扇所书当为1796年之前。（谢丽）

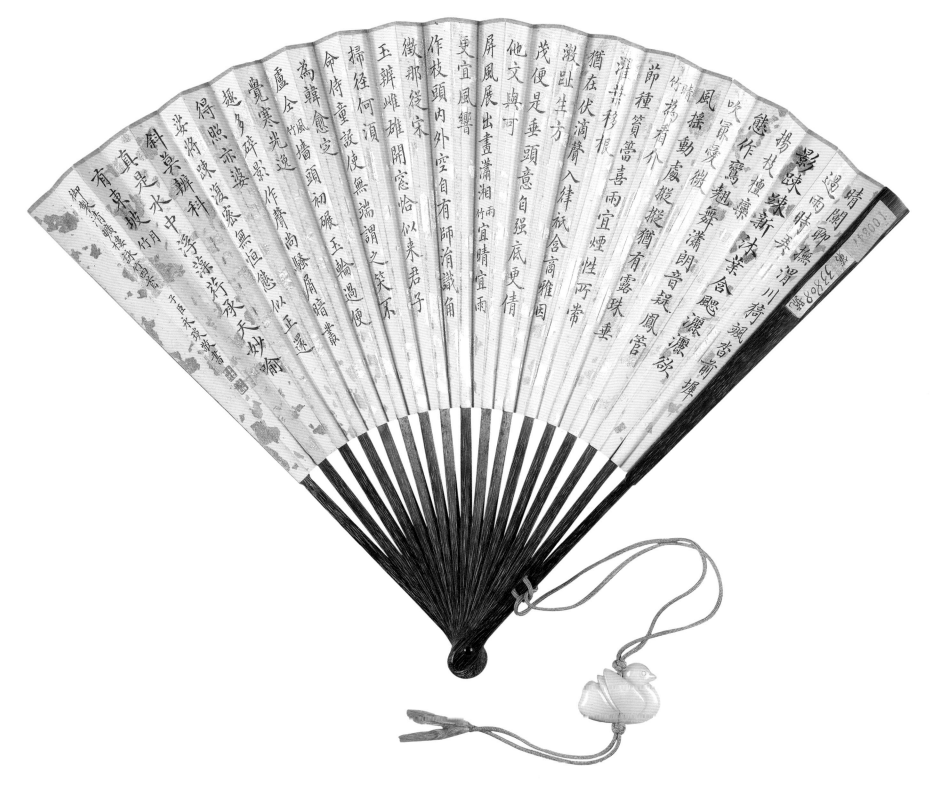

16

丁观鹏绘人物图
永琰书乾隆帝御制诗折扇

清（1644～1911年）

纵26.5厘米　横41厘米

Folding Fan with Figures Painted by Ding
Guanpeng and Qianlong Emperor's Poem
Calligraphed by Yongyan

Qing Dynasty (1644 ~ 1911)

Height: 26.5 cm　Width:41 cm

此扇一面为丁观鹏描金绘道教福寿仙人，图中仙人脚踏祥云手持如意，身侧童子则一捧寿桃、一持戟，祥云一侧又有双蝠翻飞，全图寓意吉祥如意，福寿万年。另一面为永琰书乾隆帝御制诗《题清舒山馆》二首，释文为："山之复更水之隈，别馆偏宜择向开。清听所欣谡涛耳，舒怀都为快晴哉。两年岁月如畴昔，七字吟哦属悦来。身有余闲志无逸，文筵未肯久徘徊。虽云今岁简言诗，山馆那能恝置之。清矣林泉向萧际，舒乎旸雨正宜时。四围旧句邻新句，一向摅思总静思。拙速吟成命舆去，辗然自笑底忙为。御题清舒山馆，子臣永琰敬书。"钤"子臣永琰"白方、"敬书"朱方印。按款署"永琰"可知，此诗为嘉庆登基之前所书。（谢丽）

17

**永瑢绘山水图
并书乾隆帝御制诗折扇**

清（1644～1911年）

纵28厘米　横42厘米

Folding Fan with Landscape and Qianlong
Emperor's Poem by Yongrong

Qing Dynasty (1644 ~ 1911)

Height: 28 cm　Width: 42 cm

扇一面绘山水图，款署"子臣永瑢恭画"。
另一面永瑢敬书乾隆帝御制题金廷标画册诗，
为"牧笛""观瀑""旅蹇""玩梅"四首。扇股为竹
雕花股。

永瑢（1743～1790年），乾隆帝第六子，封质

亲王，别号九思主人。能书画，但多以代笔而为。

金廷标，字士揆，乌程（今浙江湖州人）。少
从父学。乾隆二十五年（1760年）南巡时，他献
画称旨，命入清宫，以作画供奉内廷，是清乾隆
时期最著名的宫廷画家之一。（谢丽）

18

佚名绘婴戏图惠亲王楷书折扇

清（1644～1911年）

纵28.6厘米　横44厘米

Folding Fan with Picture of Children at Play
Painted by an Anonymous Artist and Regular-
script Instruction Written by Prince Hui

Qing Dynasty (1644 ~ 1911)

Height: 28.6 cm　Width: 44 cm

扇一面佚名绘婴戏图。婴戏图是中国传统的吉祥图案之一，以此为题材的绘画大约在唐代已经趋于成熟。婴戏图主要用以描绘"黄发垂髫并怡然自得"的桃园美景和太平盛世，除此以外还有祈福求子的含义。另一面为惠亲王楷书，文中主要评价宋代蔡襄书法艺术及其小楷书《寒蝉赋》的重要价值。扇股为棕竹股。

惠亲王绵愉（1814～1864年），嘉庆帝第五子。嘉庆二十五年（1820年）封为惠郡王，道光十九年（1839年）晋封为惠亲王。（谢丽）

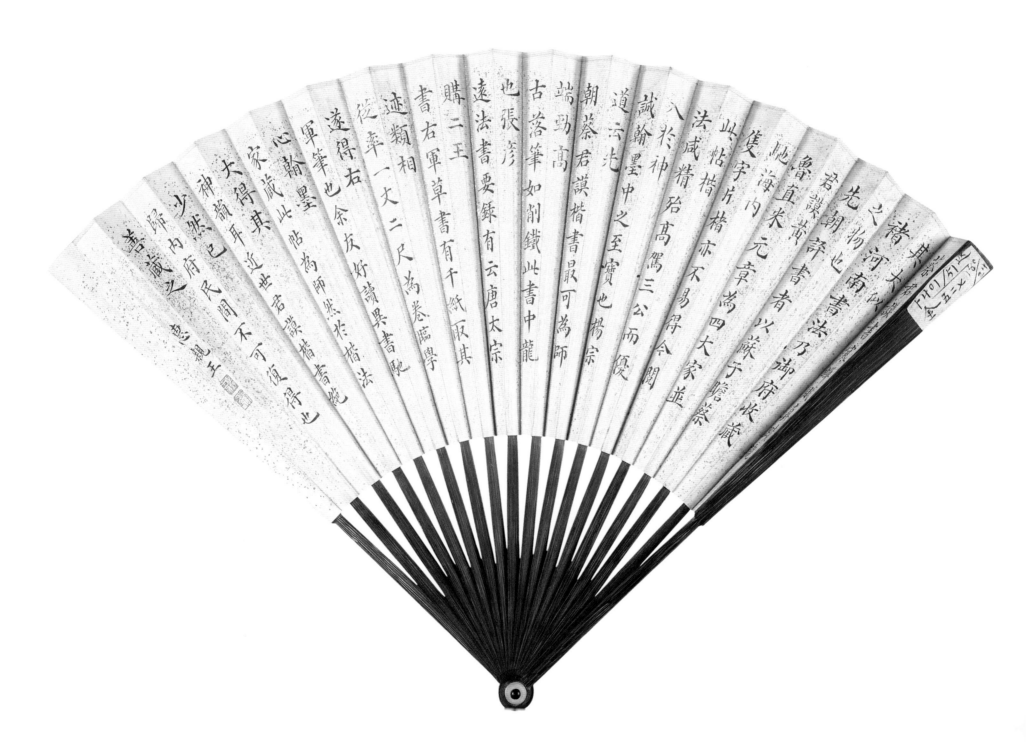

19

奕詝书诗折扇
清 (1644~1911年)
纵28.5厘米 横42厘米

Folding Fan Bearing Poems Written by Yizhu
Qing Dynasty (1644~1911)
Height: 28.5 cm Width: 42 cm

扇正面洒金并书数首七言诗，款署"孙臣奕詝敬书"。背面为素面。扇股为竹制，棕竹内股，湘妃竹边股。

奕詝，道光十一年(1831年)生，1851年于其20岁时即位，年号咸丰。扇款署"孙臣"，其祖父嘉庆皇帝于其出生前已驾崩。嘉庆有两位皇后，一为奕詝之父旻宁(即道光帝)的生母孝淑皇后，但于嘉庆二年(1797年)病逝。另一位是孝和皇后，于嘉庆六年(1801年)四月正式册立为皇后，道光即位后尊她为皇太后，道光二十九年(1849年)十二月病逝。据此，此扇应为奕詝为皇子时敬书进献给孝和皇太后(1776～1849年)的。(谢丽)

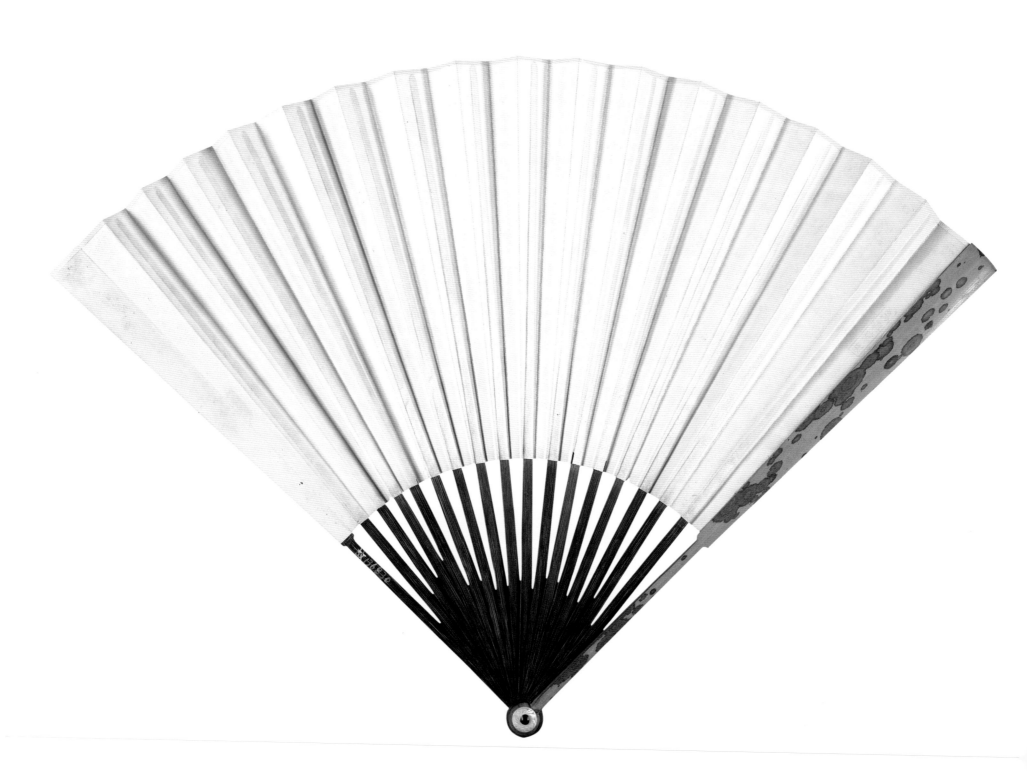

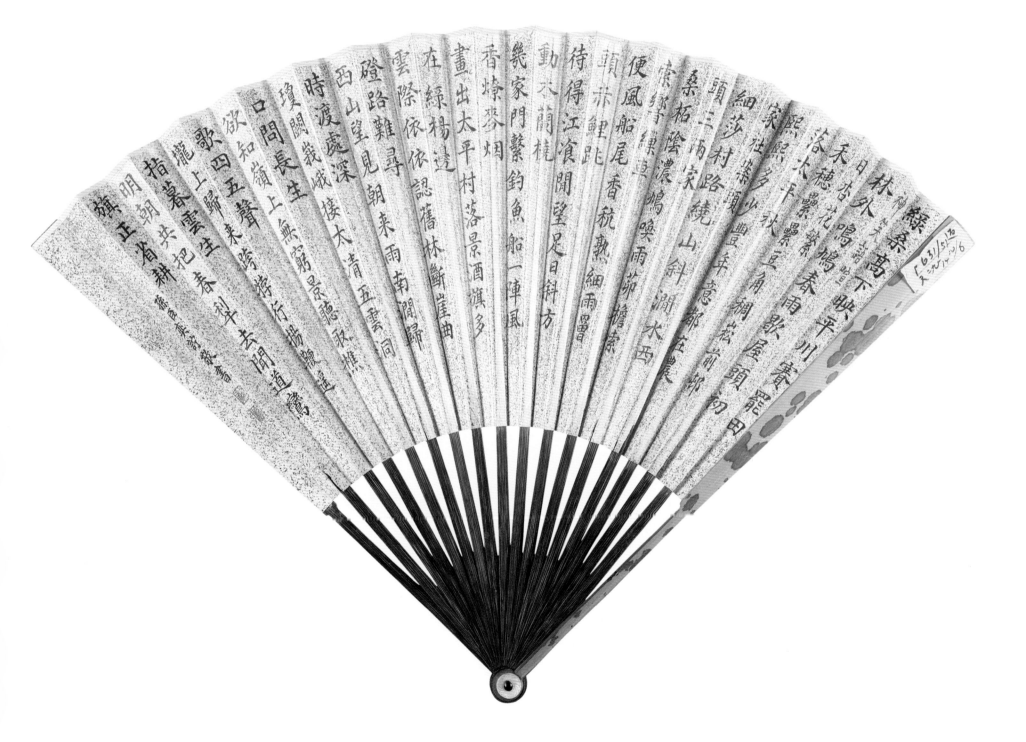

慈禧皇太后绘花卉图
陆润庠书诗折扇

光绪二十八年（1902年）
纵29.5厘米 横44.5厘米

Folding Fan with Flower Painted by Empress
Dowager Cixi and Poem Written by Lu
Runxiang

The 28th year of Guangxu Emperor's reign (1902)
Height: 29.5 cm Width: 44.5 cm

扇正面绘花卉图，书"赤瑛凝露，光绪壬寅孟夏中浣御笔"，钤"嘉乐"白长方印，及"慈禧皇太后之宝"朱方、"大雅斋"朱长圆印。扇面右下方陆润庠敬书七律一首："天家雨露本无私，绛萼晨开第一枝。犹恐倚阑看不足，披图写出画中诗。陆润庠敬题。"钤"陆润庠印"白方印。背面为泥金素面。扇股为黑漆雕博古图股。

陆润庠（1841～1915年），字凤石，号云洒等。元和（今江苏苏州）人。同治十三年（1874年）状元，官至东阁大学士等。宣统三年（1911年）责任内阁成立时，任弼德院院长。

1911年后，任溥仪师傅。善书法，风格朗润。

慈禧皇太后（1835～1908年），咸丰帝的妃子，姓叶赫那拉氏。初入宫被封为贵人，年17岁。22岁时生子载淳（即同治帝）而被封为懿妃，翌年晋封为懿贵妃。1861年咸丰帝病死，由其6岁的儿子载淳继位。叶赫那拉氏母以子贵被尊为"圣母皇太后"，又获"慈禧"徽号，后人称之为慈禧皇太后。同年她发动政变，夺得朝政大权。直至病死，执朝政长达48年，成为同治、光绪两朝的实际统治者。（谢丽）

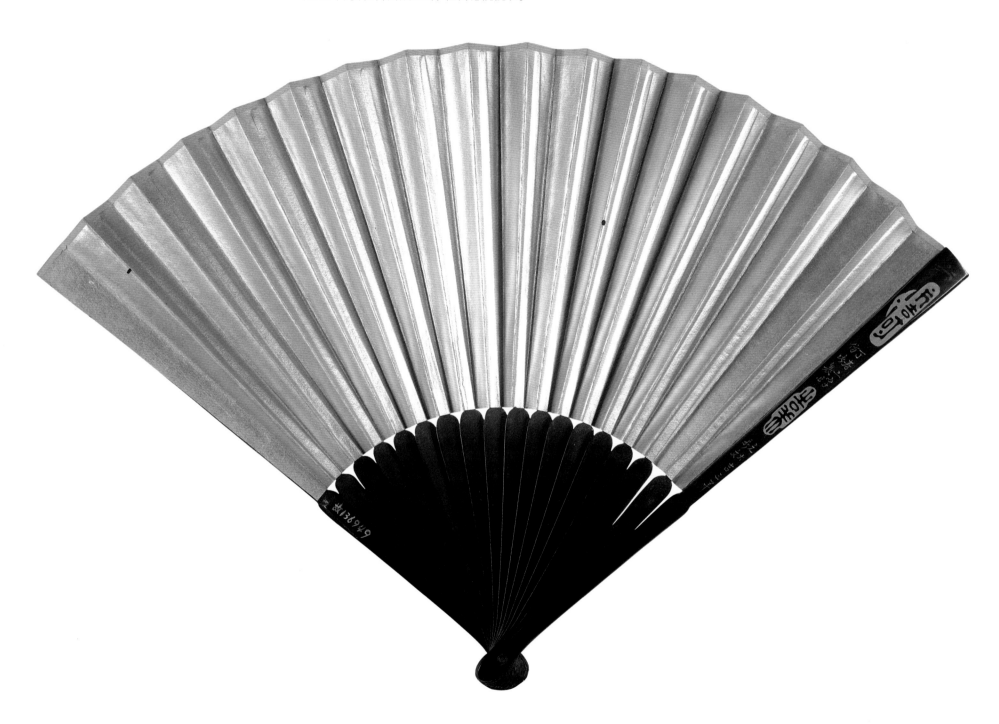

慈禧皇太后绘花卉图
吴士鉴书诗折扇

光绪三十二年(1906年)
纵30.1厘米　横40厘米

Folding Fan with Flowers Painted by Empress Dowager Cixi and Poem Written by Wu Shijian

The 32nd year of Guangxu Emperor's reign (1906)
Height: 30.1 cm　Width: 40 cm

扇正面绘梅花图,并书诗一首:"罗浮嘉植占春先,香雪缤纷铁杆连。写到麟毫生意满,墨华泻出蕊珠圆。"款署"光绪丙午孟秋上浣御笔",钤"嘉乐"白长方、"慈禧皇太后之宝"朱方、"大雅斋"朱长圆印。背面为吴士鉴敬书诗文。扇股为竹烫人物图内股,漆嵌骨边股。

吴士鉴(1868～1934年),字絅斋,号公誊等。钱塘(今浙江杭州)人。光绪十八年(1892年)榜眼。曾任江西学政等职。在民国时期以评鉴金石、考订碑版、精研史籍而名重一时。

故宫博物院藏有大量钤有慈禧玺印的书画团扇及折扇,正面为花鸟及山水图,背面则为大臣敬书诗文。这些扇面书画多为宫廷画师代笔,非慈禧本人所绘。(谢丽)

邹一桂绘梅花图张照书七言诗折扇

清(1644～1911年)

纵11.5厘米　横16.5厘米

Folding Fan with Plum Blossoms Painted by
Zou Yigui and a Poem with Seven Characters
in Each Line Written by Zhang Zhao

Qing Dynasty (1644 ~ 1911)
Height: 11.5 cm　Width: 16.5 cm

此扇尺寸小巧，并无实用功能，仅为日常案头把玩之物。扇一面为邹一桂绘设色梅花，作恽寿平"没骨法"，敷色清雅，风格清润秀逸。邹一桂是著名画家恽寿平之婿，以擅画花卉著名，设色明净，清古冶艳。又能画山水，笔墨清隽。另一面为张照书梅花七言诗三首："罗浮仙子宴琼宫，海色生春醉靥红。十二阑干明月夜，九霞帐里梦东风。杨维桢红梅。姑射仙人炼玉砂，丹光晴贯洞中霞。无端半夜东风起，吹作江南第一花。丁鹤年红梅。青帝宫中第一妃，宝香薰彻素绡衣。定知谪坠不容久，万斛玉尘来聘归。陆游白梅。臣张照。"钤"臣""照"朱方联印。张照长于书法，颇受乾隆帝眷赏，此扇书诗笔力沉着，字字独立，是典型的"馆阁体"风貌，且所书咏梅诗与邹一桂绘设色梅花，一书一画，二者可谓相映成趣。(谢丽)

**励宗万绘天竹图
并书乾隆帝御制诗折扇**

清（1644～1911年）

纵10.7厘米　横15.5厘米

Folding Fan with Nandina Painted by Li
Zongwan and Qianlong Emperor's Poem

Qing Dynasty (1644 ~ 1911)

Height: 10.7 cm　Width: 15.5 cm

此扇尺寸小巧，实为把玩，非实用之物。扇书画皆为励宗万所作，励氏为康熙六十年（1721年）进士，官至刑部侍郎。以画供奉内廷，工山水、花鸟，书法挺秀圆劲。此扇所作天竹笔意恬淡，设色古雅，而另一面则是他所书乾隆帝御制诗《天竹子》，所书作"馆阁体"，字字方润，书写规正精细。释文为："叶簇青青子绽红，三余幽伴小斋中。丰姿艳结珊瑚穗，节干清标筼筜丛。斜拂炉烟云作带，微分阶雪玉为笼。宜教鼻观轻参破，月满寒窗霜满空。御题天竹子。臣励宗万敬书。"钤"臣"朱方、"卐"朱方印。（谢丽）

佚名绘避暑山庄图励宗万书诗折扇

清（1644～1911年）

纵21厘米　横31厘米

Folding Fan with Picture of the Summer Resort Painted by an Anonymous Artist and Poem Written by Li Zongwan

Qing Dynasty (1644 ~ 1911)

Height: 21 cm　Width: 31 cm

折扇全套36件，所绘为康熙帝命名的避暑山庄"三十六景"。此柄为其中之一，正面绘"曲水荷香"。背面为励宗万敬书诗文。扇股为留青竹股。

避暑山庄又称承德离宫或热河行宫，始建于康熙四十二年（1703年），历经康熙、雍正、乾隆三朝，耗时89年建成。

避暑山庄的营建，大体分为两个阶段。第一阶段：从康熙四十二年（1703年）至康熙五十二年（1713年），使之初具规模。康熙皇帝选园中佳景以四字为名题写了"三十六景"：烟波致爽、芝径云堤、无暑清凉、延薰山馆、水芳岩秀、万壑松风、松鹤清樾、云山胜地、四面云山、北枕双峰、西岭晨霞、锤峰落照、南山积雪、梨花伴月、曲水荷香、风泉清听、濠濮间想、天宇咸畅、暖流暄波、泉源石壁、青枫绿屿、莺啭乔木、香远益清、金莲映日、远近泉声、云帆月舫、芳渚临流、云容水态、澄泉绕石、澄波叠翠、石矶观鱼、镜水云岑、双湖夹镜、长虹饮练、甫田丛樾、水流云在。

第二阶段：从乾隆六年（1741年）至乾隆十九年（1754年），进行了大规模扩建。乾隆皇帝亦仿其祖父康熙皇帝，以三字为名又题了"三十六景"：丽正门、勤政殿、松鹤斋、如意湖、青雀舫、绮望楼、驯鹿坡、水心榭、颐志堂、畅远台、静好堂、冷香亭、采菱渡、观莲所、清晖亭、般若相、沧浪屿、一片云、萍香泮、万树园、试马埭、嘉树轩、乐成阁、宿云檐、澄观斋、翠云岩、罨画窗、凌太虚、千尺雪、宁静斋、玉琴轩、临芳墅、知鱼矶、涌翠岩、素尚斋、永恬居。合为避暑山庄七十二景。（谢丽）

钱维城绘桂花图
于敏中临黄庭坚帖折扇

清（1644～1911年）

纵11.8厘米　横17.5厘米

Folding Fan with Sweet-scented Osmanthus
Painted by Qian Weicheng and Yu Minzhong's
Characters in Imitation of Huang Tingjian's
Calligraphy

Qing Dynasty (1644 ~ 1911)
Height: 11.8 cm　Width: 17.5 cm

此扇小巧精致，并不适宜扇风祛暑，其以书画见长，为案头把玩。扇正面绘折枝桂花，款署"臣钱维城恭画。"钱维城（1720～1772年），字宗盘，一字幼安，号茶山。江苏武进（今常州）人。乾隆十年（1745年）状元，官至刑部侍郎等。他工文翰、善书画，尤长于花卉，是清代中期著名的词臣画家。曾得董邦达指点，其绘画风格在秀雅的基础上，又得沉厚幽深的韵味。此图以墨笔勾染枝叶，再缀以白色桂花，风格工谨端庄，极为符合清代宫廷绘画的特色。所书款署，是以小楷恭敬地书写"臣钱维城恭画"字样，也体现了清代宫廷书画作品题款的特点。

背面有于敏中行书，文为："昌州使君景道，宗秀也。宣州院诸公多学余书，景道尤喜余笔墨，故书此三幅遗之。翰林苏子瞻书法娟秀，虽用墨太丰，而韵有余，于今为天下第一。余书不足学，学者辄笔懦无劲气，今乃舍子瞻

而学余，未为能择术也。适在慧林为人书一文字试笔墨，故遣此。庭坚顿首，景道十七使君。黄庭坚帖，臣于敏中敬临。"后钤"敏""中"朱文联印。

于敏中（1714～1780年），字叔子，号耐圃。江苏金坛人。乾隆二年（1737年）状元，官至文华殿大学士等。于敏中在乾隆时期为汉臣首揆最久，而且是当时深有影响的书法家，颇受乾隆皇帝的信任，乾隆御制诗多由他聆听后笔录定稿，并常为乾隆皇帝代笔。他擅长楷书和行书，兼糅董其昌和赵孟頫而上溯"二王"。此扇所作行书为节临《黄庭坚致景道十七使君书》，结体瘦劲，笔力浑厚，展现出于氏深厚的书法造诣。

于敏中、钱维城两位状元，一擅书一工画，而书又临黄庭坚帖，可谓集美之作。画面桂花寓意科举"折桂"，亦暗喻二人的状元身份。（谢丽）

**佚名绘山水图
郑大进书乾隆帝御制诗折扇**

清 (1644〜1911年)

纵28.5厘米　横42.5厘米

Folding Fan with Landscape Painted by an
Anonymous Artist and Qianlong Emperor's
Poem Calligraphed by Zheng Dajin

Qing Dynasty (1644 ~ 1911)

Height: 28.5 cm　Width: 42.5 cm

扇一面佚名绘山水图。另一面为郑大进敬书乾隆帝《御制泛舟即景四首》，分别为："去岁淤泥大划治，新秋活水满清池。轻舟讶似行于镜，凡事因思在豫为。""锦云丛里众香馣，真是泉甘土亦甘。千叶莲花大于斗，谁云塞北逊江南。""菰蒲淡荡野凫依，疑似江乡是也非。舟过无心学相狎，见人故自不知飞。""西山一带浸湖光，簇簇芙蓉波底藏。攀陟何须劳步履，坐游耐可泛沙棠。"扇股为棕竹股。

郑大进（1709〜1782年），字退谷，广东揭阳人。乾隆元年（1736年）进士，历任直隶总督等职。从政期间革除积弊，关心民生，政绩颇佳。（谢丽）

**董诰绘山水图
和珅书乾隆帝御制诗折扇**

清(1644～1911年)

纵28.7厘米　横43.5厘米

Folding Fan with Landscape Painted by
Dong Gao and Qianlong Emperor's Poems
Calligraphed by Heshen

Qing Dynasty (1644 ~ 1911)

Height: 28.7 cm Width: 43.5 cm

扇一面董诰绘山水图，款署"臣董诰恭画"，钤"臣""诰"白方联印。另一面为和珅楷书乾隆帝御制题吴镇山水卷七言诗数首，分别为："江天帆影""茅亭夕霭""松谷携筇""古木烟篁""村桥野艇""柳阴垂钓""寒林步屧""扁舟烟雨""山径探幽""石矶坐憩""从筼晴碧""草阁观泉"。扇股为竹填漆股。

和珅(1750～1799年)，原名善保，字致斋，钮祜禄氏，隶满洲正红旗。由于精明敏捷，颇得乾隆帝赏识，倚为心腹。但他专擅弄权，贪污极巨。乾隆帝死后，嘉庆帝以二十大罪赐其死，抄家所获巨资充公。(谢丽)

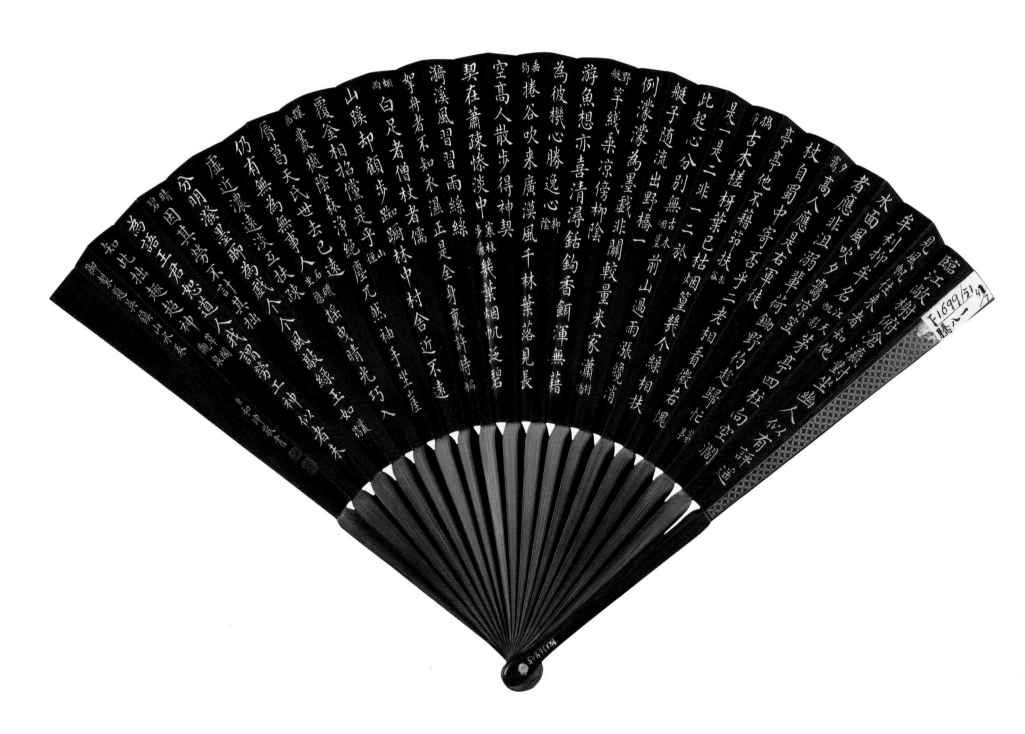

28

佚名绘蚕织图
沈初书乾隆帝御制诗折扇
清(1644～1911年)
纵28.8厘米　横45厘米

Folding Fan with Picture of Raising Silkworms
and Weaving Silk Painted by an Anonymous
Artist and Qianlong Emperor's Poem
Calligraphed by Shen Chu
Qing Dynasty (1644 ~ 1911)
Height: 28.8 cm Width: 45 cm

扇正面泥金绘几妇人于养蚕闲暇之余各理其事，生活悠闲安逸。背面是沈初敬书御题蚕织图诗之四："蚕饱初欲眠，蚕忙事正长。少妇独偷闲，深闺理新妆。中妇抱幼子，趁暇哺向阳。大妇缝裳衣，明朝著采桑。"诗文与所绘画面相配。扇股棕竹制，边股为雕花细股。

沈初(？～1799年)，字景初，号云椒。浙江平湖人。乾隆二十八年(1763年)榜眼，官至户部尚书。工诗文，善书法。

蚕织图折扇全套为24件，此扇为其中之四，所绘为"一眠"。全套绘养蚕织布的各个工序图，分别为浴蚕、下蚕、喂蚕、一眠、二眠、三眠、分箔、采桑、大起、捉绩、上簇、炙箔、下簇、择茧、窖茧、缫丝、蚕蛾、祀谢、络丝、经、纬、织、攀华、剪帛。(谢丽)

**佚名绘蚕织图
董诰书乾隆帝御制诗折扇**

清(1644~1911年)

纵28.8厘米 横45厘米

Folding Fan with Picture of Raising Silkworms
and Weaving Silk Painted by an Anonymous
Artist and Qianlong Emperor's Poem
Calligraphed by Dong Gao

Qing Dynasty (1644 ~ 1911)

Height: 28.8 cm Width: 45 cm

蚕织图折扇全套为24件，此扇为其中之二十一，所绘为"纬"。扇背面是董诰敬书御题蚕织图诗之二十一："浸纬非细工，付之小女丫。谁知素丝中，乃具种种华。精(经)次(纬)于是别，转轮引绪斜。由分渐成合，小大殊轴车。"扇股棕竹制，边股为雕花细股。

董诰(1740~1818年)，字雅伦，号蔗林。浙江富阳人。乾隆二十八年(1763年)进士，官至内阁学士，充四库馆副总裁。甚得乾隆帝与嘉庆帝宠遇。朝廷编修，多由其主持。善书画，其画多藏内府并入《石渠宝笈》及续编，乾隆帝晚年书作多由其代笔。(谢丽)

**王敬铭绘山水图
刘墉书乾隆帝御制诗折扇**
清（1644～1911年）
纵33厘米　横55厘米

Folding Fan with Landscape Painted by
Wang Jingming and Qianlong Emperor's
Poem Calligraphed by Liu Yong

Qing Dynasty (1644 ~ 1911)

Height: 33 cm Width: 55 cm

此扇一面绘墨笔山水，主用干笔皴擦，淡墨渴染，风格苍郁，极富文人气息。款署："臣王敬铭恭画。"钤"臣王敬铭"朱方、"恭画"朱方印。王敬铭为康熙五十二年（1713年）状元。曾师从王原祁，学习山水画，间或为王原祁代笔应酬。另一面为刘墉书乾隆帝御制诗四首："冬雪春膏脉土宜，华滋今岁允华滋。莫嫌红紫迟酣放，耐可韶光蕴酿时。华滋馆。第一泉边汲乳玉，两间房下煮烟筼。偶然消得片时暇，那是春风暖茗人。竹炉山房烹茶作。庵罗晓日憩祇园，

绎思标题漫榷论。究与金仙不同道，子舆氏昔有名言。独乐寺小憩。同时三省均霑泽（初九日之雨，直隶河南、山东均被渥泽，今陆续皆奏到），庆慰难为此际情。资始春耕及秋获，益深戒满与持盈。山东巡抚阿尔泰奏报得雨。菴罗园据畎平巅，雪后春光静处妍。一任安名还立字，文殊不二祇如然。罗睺寺。御制诗，臣刘墉敬书。"钤"臣""墉"朱方印。此书结字圆劲，墨色厚润，是刘氏典型的貌丰骨劲的书法面貌。

（谢丽）

**福长安绘山水图
王杰书乾隆帝御制诗折扇**

清（1644～1911年）

纵28.5厘米　横41厘米

Folding Fan with Landscape Painted by
Fuchang'an and Qianlong Emperor's Poems
Calligraphed by Wang Jie

Qing Dynasty (1644 ~ 1911)

Height: 28.5 cm Width: 41 cm

扇一面绘山水图，款署"臣福长安恭绘"。福长安（1760～1817年），字诚斋，富察氏，乾隆帝孝贤纯皇后之侄。历任户部尚书等职。曾参与平定台湾、廓尔喀，封为侯爵，并列为功臣，图形入紫光阁。后因阿附和珅，被下狱夺爵。

另一面为王杰敬书乾隆帝御题画诗，分别为金廷标画高启诗意、题元人三阳开泰图、题文从昌虎邱图、宋人雪栈牛车图、宋人山云酿雨图、关九思白云红树、张守中寒塘浴雁、题巨然寒林晚岫。

王杰（1725～1805年），字伟人，号惺园。陕西韩城人。乾隆二十六年（1761年）状元。为人耿直刚正，曾参与和珅一案的审理。善书法。

（谢丽）

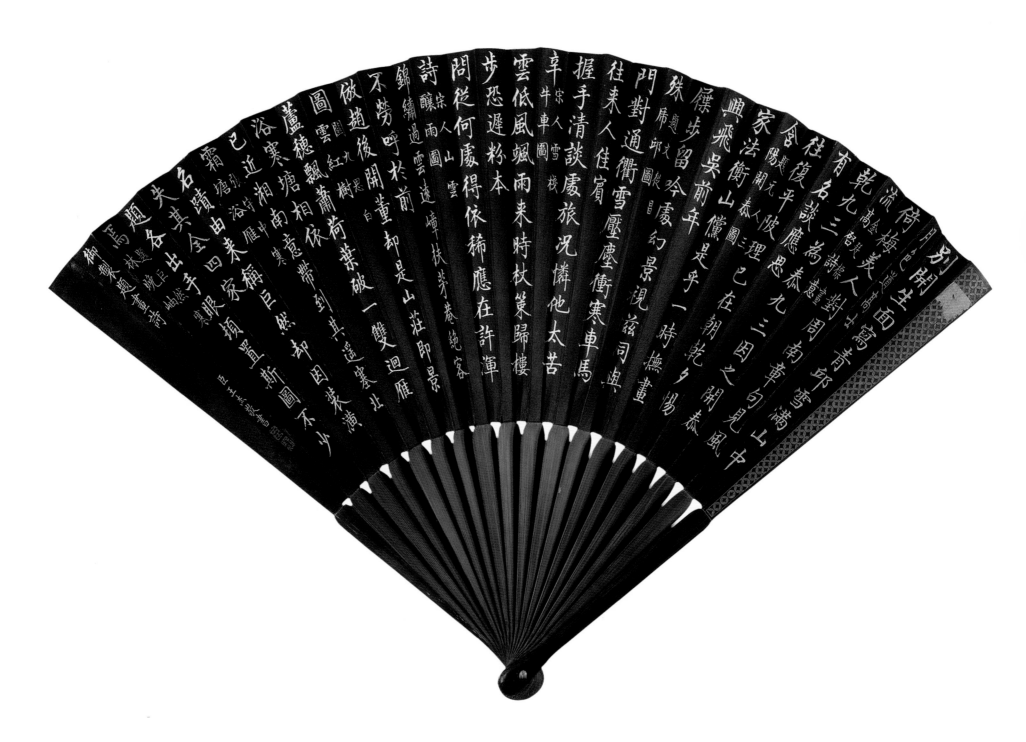

佚名绘山水图
戴衢亨书乾隆帝御制诗折扇

清(1644～1911年)

纵28厘米　横43厘米

Folding Fan with Landscape Painted by an
Anonymous Artist and Qianlong Emperor's
Poems Calligraphed by Dai Quheng

Qing Dynasty (1644 ~ 1911)

Height: 28 cm　Width: 43 cm

扇一面佚名绘山水图。另一面为戴衢亨敬书乾隆帝《御制读归有光易图论》。释文为："有光以为易图非伏羲之书，乃邵子之学，似矣，然知其一未知其二。有光不云乎，八卦尽天地万物之理，后之人苟以一说求之，无所不通，纳甲、飞伏、卜数、只偶之类，皆可以易言。既如是，则伏羲之卦何尝不具图之义？第不可以图谓足尽卦之理可耳。余谓易以传天道。董仲舒云：'天不变，道亦不变。'则可知易亦不变。或曰交易变易，正所谓变安得谓不变。曰亦观之天而已，四时行焉，百物生焉，一日而周三百六十五度，其至变之中不变者存焉。道如是，易亦如是，又谁能为图以概之？有光盖有见于图之局，但语焉而未详耳。朱子恐人求易于虚无神奇而反失实理，故定为卜筮之书，而每卦每爻皆注之以占之者云云。审如是，则江西持筒卖卜者皆可以言易矣。其然岂其然乎？"扇股为乌木刻寿字股。(谢丽)

赵秉冲书诗折扇
清（1644～1911年）
纵28厘米 横40厘米

Folding Fan with Poem Written by Zhao
Bingchong
Qing Dynasty (1644 ~ 1911)
Height: 28 cm Width: 40 cm

扇面泥金赵秉冲书六首乾隆御制诗，分别为：

《咏嘉靖雕漆椀》：果园精品别朱红，嘉靖相承永乐同。梓氏髹人各呈技，捎当卷素递施工。跻堂略寓称觥意，或跃原包利见中。设使盉圆凛切已，修斋当日岂钦崇。

《咏永乐雕漆书景盘》：坐对健谈高尚趣，世间哪肯姓名留。不知何许人如拟，应是野王二老流。亦有松风亦有轩，但看相对不闻言。未经宣德偷官匠，喜尚年标永乐存。

《咏三松刻竹品茶笔筒》：粉本得从唐解元，横琴松下茗垆喧。传神祇作萧疎笔，经久由来以朴存。

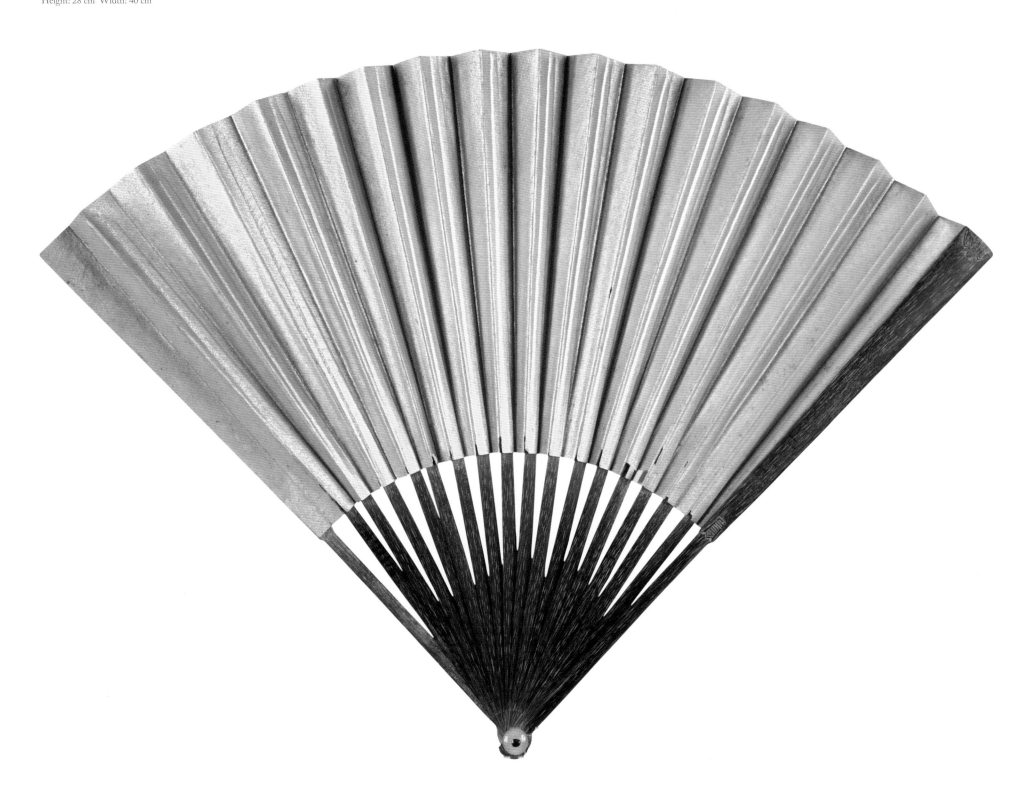

《咏永乐雕漆三友盒》：果园创精制，生面书图开。竟貌闻谅直，弗资松竹梅。张尧如有问，许勃自相陪。束杖阶前者，应为高怿来。

《题宣德雕漆四子盒》：二子寻幽径，两贤对剧棋。不须问姓氏，总是契坦篾。那藉填前号，居然肖旧规。如闻相讲德，写出子渊词。

《咏雕竹七贤笔筒》：竹林醉客恣狂娱，刀写还看代笔濡。虽仿恺之七贤意，未如舜举五君图。（黄英）

陈辉祖书画折扇

清（1644～1911年）

纵14.2厘米　横22.5厘米

Folding Fan with Calligraphy and Painting by Chen Huizu

Qing Dynasty (1644 ~ 1911)

Height: 14.2 cm　Width: 22.5 cm

折扇正面洒金山水图，远处山峦叠嶂，近处松树成林，屋舍掩映其间，池塘边松鹤栖水，鹿漫步山间，表达了幽静致远的意境。背面泥金书御制诗《山居》："山居幽致许谁同，变态烟云晓暮中。橡子坠林疑骤雨，石泉赴涧似回风。野花带露全凝白，峰柏欺霜未作红。只有苍松无改度，晚来依旧月朦胧。鹿柴朝开野鹿来，相

将孤鹤立莓苔。云驱晓雾惟空宇，露下秋皋绝点埃。石剑攒青犹为岫，水衣萦碧任潆洄。拟将底事消清暇，雪色吟笺取次裁。岩腰轩阁俯高秋，徨倚如登百尺楼。野马出山斜照没，玉蟾上树晚凉浮。目穷碧落心胸阔，袖引金飔今古收。只许词臣伴清切，酬吟每每递诗邮。"落款"臣陈辉祖敬书"。（黄英）

35

佚名绘道光帝课子图折扇

道光十六年（1836年）

纵43厘米　横71厘米

Folding Fan with Picture of Daoguang
Emperor Instructing His Sons Painted by an
Anonymous Artist

The 16th year of Daoguang Emperor's reign (1836)

Height: 43cm　Width: 71 cm

扇正面绘道光帝汉装像，书"同心训迪"四字，钤"慎德堂"白方、"道光宸翰"白方、"日进无疆"白方印。背面为素面。扇股为湘妃竹股。扇以绸缎包裹装于锦匣，锦匣上书"同心训迪""道光十六年秋慎德堂制"，钤"道光"朱圆、"慎德堂"白方印。

此扇为道光十六年（1836年）秋所画，绘道光帝身着汉装，与皇后一起训迪课子。满清王朝入主中原后，在保持本民族传统的前提下积极学习汉文化。清朝历代帝王自幼便接受名师教导，熟读儒家经典，有着广博的文化修养。

（谢丽）

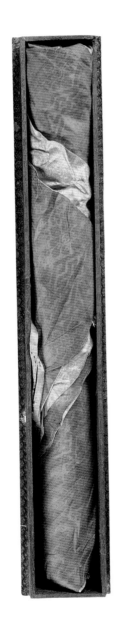

梁德润绘荷花图
李文田书荷花诗折扇

清(1644～1911年)

纵29.3厘米　横45厘米

Folding Fan with Lotus Painted by Liang Derun and Poem on the Lotus Written by Li Wentian

Qing Dynasty (1644 ~ 1911)

Height: 29.3 cm　Width: 45 cm

扇一面梁德润绘荷花图，荷花或怒放或含苞，荷叶卷曲有致。梁德润(生卒年不详)，河北大城人。善绘花鸟、人物、山水，同治初年至光绪朝中期在如意馆内供职。光绪七年(1881年)以画艺被授六品顶戴官职，曾任如意馆首领。

另一面为李文田录荷花诗五首。李文田(1834～1895年)，字仲约，号芍农等。广东顺德人。咸丰九年(1859年)探花，官至礼部左侍郎。善画，所作水墨山水、写意花卉等，笔力劲健、意境苍秀。亦善书法，由欧、苏上溯六朝碑版，坚实劲严，自成一家。(谢丽)

缪嘉惠绘蝠桃图折扇
光绪三十二年(1906年)
纵24.5厘米　横39厘米

Folding Fan with Bats and Peaches Painted by
Miao Jiahui
The 32nd year of Guangxu Emperor's reign (1906)
Height: 24.5 cm Width: 39 cm

扇正面绘蝠桃图，书"增年益寿"四字，款署"臣妾缪嘉惠恭画"。背面有行、篆、楷等各体书文，款署"丙午冬十月下浣，谨书于迎春堂，臣妾缪嘉惠"。扇股为黑漆嵌螺钿股。

缪嘉惠(生卒年不详)，字素筠，云南昆明人。工于翎毛花卉，宗恽寿平的没骨法，取象求真，以画艺而深得慈禧皇太后宠幸。现存大量钤慈禧玺印的书画作品，很多出自缪嘉惠之手，但由于是代笔之作，不能落缪氏名款。

（谢丽）

佚名楷书折扇
清（1644～1911年）
纵30.5厘米　横47厘米

Folding Fan with Regular-script Instructions
Written by an Anonymous Artist
Qing Dynasty (1644 ~ 1911)
Height: 30.5 cm Width: 47 cm

此扇全套为10件，佚名书《尚书·周书》中《大诰》《康诰》等篇。此为其一，楷书《洛诰》。扇股为黑漆如意式。

《洛诰》的历史背景：周朝准备在洛邑（今洛阳）修建都城，召公已经勘查好了宫殿、宗庙、朝市等重要建筑的选址，周公也前往营建洛邑，派遣使者迎接成王前来，把所占卜的吉祥预兆报告给成王，史官为此写下了《洛诰》。

（谢丽）

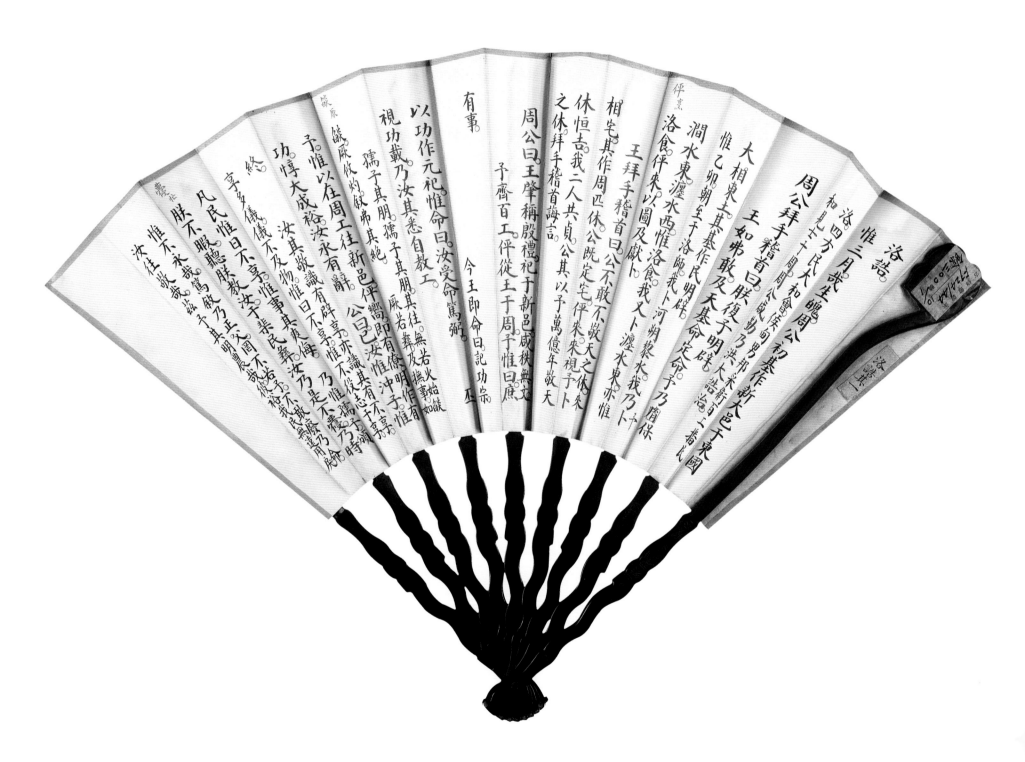

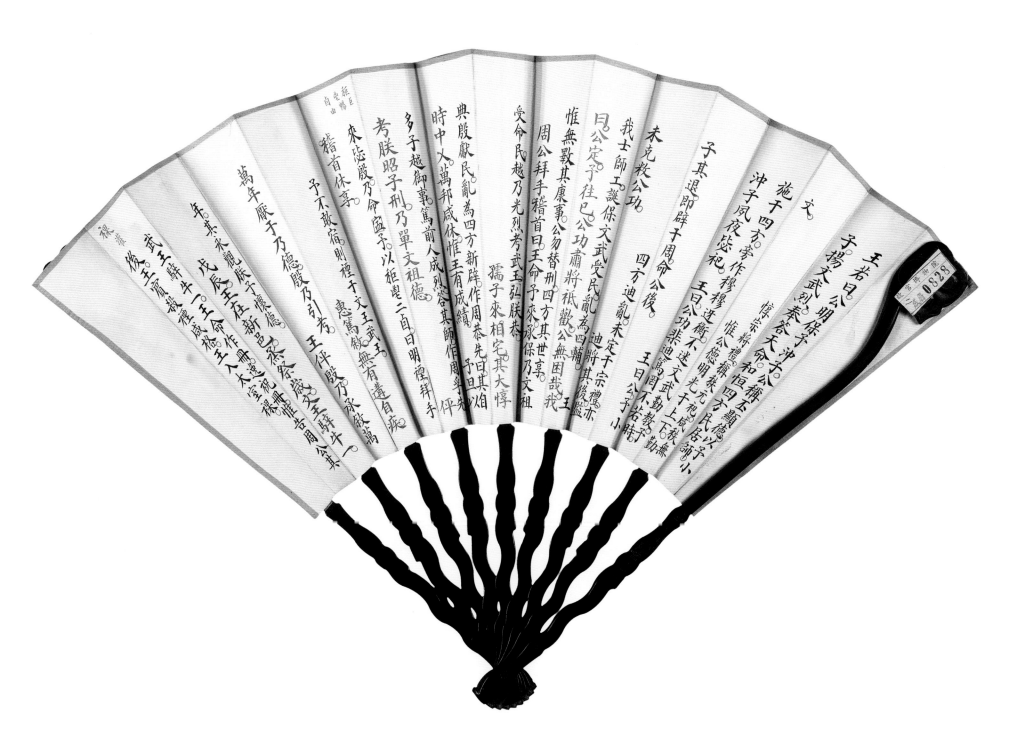

佚名绘耕织图折扇

清(1644～1911年)

纵28.6厘米 横37.5厘米

Folding Fan with Picture of Farming and
Weaving Painted by an Anonymous Artist

Qing Dynasty (1644 ~ 1911)

Height: 28.6 cm Width: 37.5 cm

扇正面佚名绘耕织图,背面为素面。扇股为棕竹股。

《耕织图》是以农村生产为题材,描绘了粮食生产从浸种到入仓,蚕桑生产从浴蚕到剪帛的具体操作过程。《耕织图》的绘写渊源可上溯

至南宋,绘者为楼璹,楼璹在宋高宗时期任于潜(今浙江省临安市)县令时,深感农夫、蚕妇之辛苦,即作耕、织二图诗来描绘农桑生产的各个环节。《耕织图》自问世便得到了推崇和嘉许,各种版本层出不穷。(谢丽)

40

佚名绘花蝶图折扇
清（1644～1911年）
纵28.7厘米　横41厘米

Folding Fan with Flowers and Butterfly Painted
by an Anonymous Artist
Qing Dynasty (1644 ~ 1911)
Height: 28.7 cm　Width: 41 cm

扇正面为金笺，佚名绘花蝶图，画面构
图严谨，色彩清丽，背面于紫青色纸面洒金
为饰。

扇股为乌木刻寿字股。扇聚头处为圆端，
并镶以螺钿饰片。（谢丽）

41

佚名绘钟馗图折扇

清(1644～1911年)

纵24厘米　横37厘米

Folding Fan with Portrait of Zhong Kui
Painted by an Anonymous Artist

Qing Dynasty (1644 ~ 1911)

Height: 24 cm　Width: 37 cm

扇面朱笔绘钟馗像，画中的钟馗目光犀利、满面胡须、手持利剑，有威严震慑之态，旁一蝙蝠翻飞。扇股为棕竹股。

自古以来，钟馗是民间传说中镇鬼辟邪的象征。钟馗像最初在过年时作为节令画张贴悬挂。明末清初，贴挂钟馗像的风俗逐渐移到了端午时节。

传说扇子可以辟邪，因此端午节十分流行互相赠送扇子。此扇绘钟馗像及蝙蝠，显示出辟邪祈福的美好愿望，应为端午时节所用之物。(谢丽)

42

佚名绘侍女图折扇

清(1644~1911年)

纵29.5厘米 横42厘米

Folding Fan with Portrait of Beautiful Lady
Painted by an Anonymous Artist

Qing Dynasty (1644 ~ 1911)

Height: 29.5 cm Width: 42 cm

扇正面绘侍女手捧花篮立于云端，花篮内置鲜花、寿桃及灵芝，背面为篆书七言诗。扇边股为象牙雕山水人物图，内股以轻薄牙片镂空几何纹。

此扇面为金笺。金笺以其工艺的不同，分为泥金、洒金等品种。此扇为泥金面，泥金是将金箔或金粉和胶成泥状，涂饰在白扇面上。金笺扇面于明代最为流行。（谢丽）

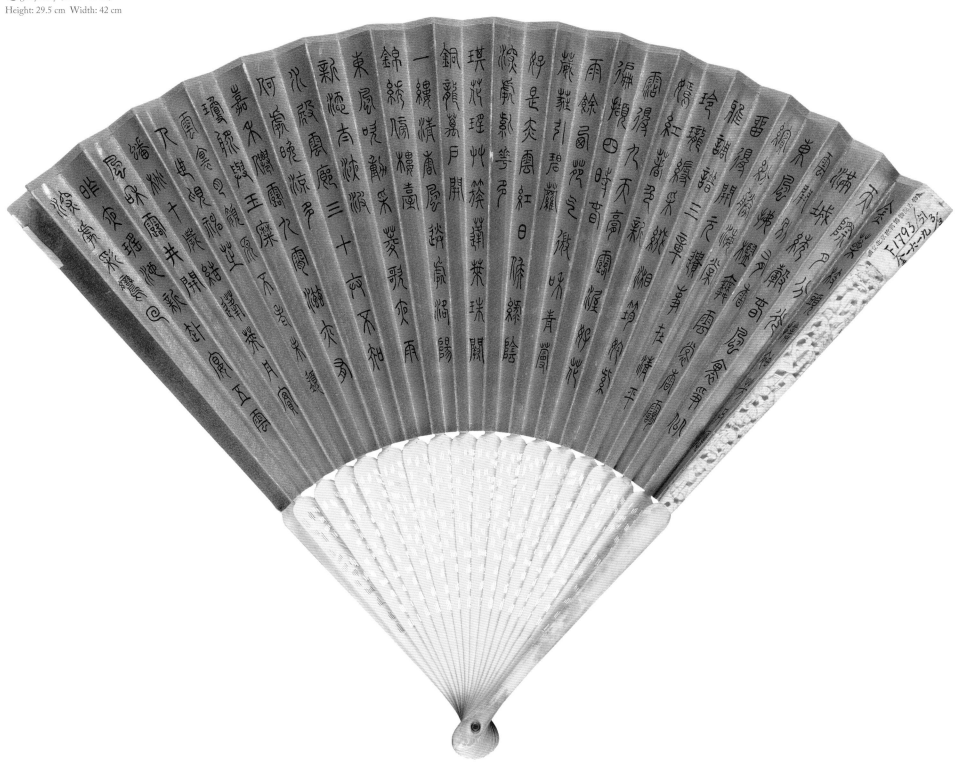

43

**乾隆帝绘荷花图并书恭奉皇太后
御园赏荷诗木柄团扇**
乾隆二十七年(1762年)
通柄长39厘米 面径19.5厘米

Round Wood-handled Fan with Qianlong
Emperor's Lotus Painting and Poem
Commemorating Empress Dowager Enjoying
Lotus in the Imperial Garden
The 27th year of Qianlong Emperor's reign (1762)
Overall Length with Handle: 39 cm Diameter: 19.5 cm

扇正面设色绘荷花数枝，笔法清润，设色明丽，深受恽寿平"没骨法"影响。自题："快霁宜人，芳荷映槛。以博慈笑，辄为设色写生。"后钤"比德"朱方、"朗润"白方印。右下钤"妙意写清快"朱长方印。

背面有弘历御书，文为："南巡甫回跸，弥月值愁霖。晴定农民庆，荷开圣母临。得申欢养志，久鉴敬勤心。试听龙池乐，都成角徵音。壬午六月四日，恭奉皇太后御园赏荷敬成一律，并书筐以进用展清夏之忱。御笔。"后钤"乾"朱圆、"隆"朱方联印。由款署可知，此扇书画作于乾隆二十七年(1762年)，是乾隆帝进呈给其母崇庆皇太后，以供暑夏赏玩之用。(王琥)

44

乾隆帝绘兰石图并书恭奉皇太后
赏荷即景诗玉柄团扇

乾隆三十四年(1769年)

通柄长36厘米　面径24.5厘米

Round Jade-handled Fan with Qianlong
Emperor's Painting of Orchids and Rocks and
Poem Commemorating Empress Dowager
Enjoying Lotus

The 34th year of Qianlong Emperor's reign (1769)
Overall Length with Handle: 36 cm　Diameter: 24.5 cm

扇正面弘历御笔绘兰石,并自题:"暑雨时霁,幽兰自系,与芳沼荷风共延清馥。因写生数朵以佐夏清。"后钤"会心不远"白方、"德充符"朱方印。又钤"几席有余香"朱长圆、"写心"白长圆印。

弘历极为推崇上承"四王"、董其昌,进而师法宋元诸家,面貌苍润秀丽的绘画风格,并且拥有丰富的历代名家作品收藏,身边又有众多造诣深厚的御用画家和词臣画家侍奉,熏陶染习日久,能画花竹树石及小品山水。从此扇所绘兰石来看,他的画用笔朴实,墨色圆润,具有较好的绘画基础,虽极力地追摹"四王"及宋元诸家的风格面貌,但囿于功力不足,又几无创新,故而他的画作,虽面貌清润,然工谨端正有余,而生趣寥寥。

扇背面弘历御书:"庆值惟时若雨旸,红荷芳茂亦殊常。花台叶屿承欢豫,万岁千秋奉寿康。暎座晃曦晨露润,开轩却暑晓风凉。收来沉瀣烹仙茗,即是瑶池介祉觞。己丑六月上瀚,恭奉皇太后赏荷即景成什书团扇以进。御笔。"后钤"乾"朱圆、"隆"朱方联印。

弘历酷爱书法,他的字远追赵孟頫,近习董其昌,风格圆熟秀劲。此扇所书七律,作于乾隆三十四年(1769年),是敬奉给其母崇庆皇太后赏玩的。所书规正端丽,兼容赵、董的风格,是弘历行楷书典型面貌。(王琥)

45

弘旿绘花卉图木嵌象牙柄团扇

清（1644～1911年）
通柄长51厘米　面径31厘米

Round Fan with Flowers Painted by Hongwu
and Wooden Handle with Ivory Inlay
Qing Dynasty (1644 ~ 1911)
Overall Length with Handle: 51 cm　Diameter: 31 cm

　　此扇绘蜀葵，花叶之间点缀有栀子花，款
署"臣弘旿敬绘"。钤"臣旿"朱长方印。弘旿是
清代宗室画家，康熙帝之孙，善画，师法元人。
此扇所画，运以恽寿平花卉之法，笔法工谨，
敷色妍丽，虽缺少了恽氏花卉野逸的神韵，但
极具富丽华贵之貌，是一件用心精制的画作。
（谢丽）

慈禧皇太后绘花卉图紫漆柄团扇

光绪三十四年(1908年)
通柄长36.8厘米 面径23.4厘米

Round Fan with Flowers Painted by Empress Dowager Cixi and Purple Lacquered Handle

The 34th year of Guangxu Emperor's reign (1908)
Overall Length with Handle: 36.8 cm Diameter: 23.4 cm

　　扇绢地,髹紫漆边、柄。正面圆框贴锦边一周,中设色绘岩壁一角,兰草、灵芝丛生,老松一枝,斜斜伸入画面。画面正中偏上最醒目处钤盖"慈禧皇太后之宝",此外尚有"天贶万吉""大雅斋"二印,款题"瑶林瑞气"并"光绪戊申孟夏下浣御笔"。按,光绪戊申为1908年。扇面所绘均具吉祥寓意,但用笔较熟练,格调亦不俗,应属代笔无疑。

　　背面录楷书律诗一首:"老树槎枒欲吼龙,扶舆闲气百年钟。涛飞绝顶风声壮,根托凌虚露液浓。秦岭苍烟横日下,商山紫霭出云封。大椿合上延龄颂,漫赏孤标独耐冬。"末署"陆润庠敬题",印"南斋供奉"。陆润庠曾为翰林院修撰,侍读南书房,故钤斯印。同钤此印的尚见有署吴士鉴、朱士藩款者,情况相类,都是写成后留待钤盖慈禧印后供赏赐之用。(刘岳)

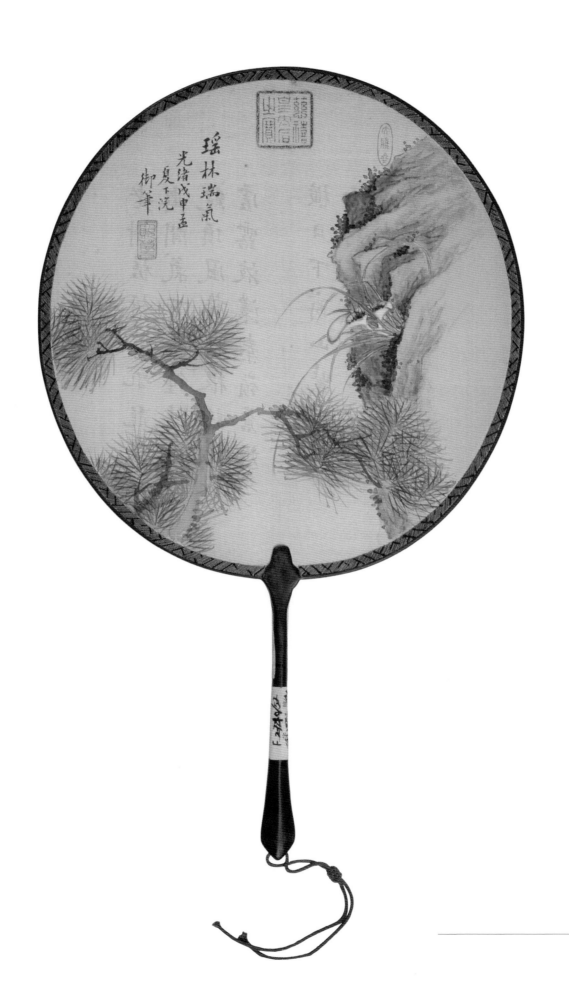

董邦达绘山水图木柄团扇

清(1644～1911年)

通柄长41厘米 面径20厘米

Round Fan with Landscape Painting by Dong
Bangda and Wooden Handle

Qing Dynasty (1644 ~ 1911)

Overall Length with Handle: 41 cm Diameter: 20 cm

　　此扇为董邦达绘墨笔山水,款署"臣董邦
达恭画"。另有乾隆御笔题诗:"凉夜寒无眠,幽
斋此独坐。竹树暗影流,风月今宵颇。静对谁共
言,翻使双眉锁。一别两萧条,知君应似我。右
拟韦应物寄旧御笔。"图中绘远山近渚,岸石林
木,草堂屋舍掩映其间,一派恬淡的世外田园
之景。山石皴法厚密,以披麻皴为主,墨色干湿
相映,风格古朴自然,颇为符合文人雅士隐居
山野的清逸之趣。(谢丽)

张恺绘丹凤朝阳梧桐图骨柄团扇

清(1644~1911年)

通柄长41厘米　面径27.5厘米

Round Fan with Phoenix and Chinese Parasol
Tree Designs Painted by Zhang Kai and Bone
Handle

Qing Dynasty (1644 ~ 1911)

Overall Length with Handle: 41 cm Diameter: 27.5 cm

梧桐与凤凰自古便是祥瑞的象征,古人认为梧桐生于朝阳,高大挺拔,有树中王者之誉,而凤凰则是传说之中的吉祥神鸟,它对于栖息之地要求极高,非清澈泉水不饮,非高秀梧桐不栖。因此,二者结合便有天降祥瑞、世间清明的寓意。

此图中所绘梧桐虽取一角之貌,却画意盎然,有高大挺秀之韵味,凤凰则以细笔精工勾写,敷色妍丽,着重突出了凤凰高贵华丽的神韵,是一件极为工谨的画作。(谢丽)

49

沈世儒绘三星图漆柄团扇

清(1644～1911年)
通柄长41厘米　面径28厘米

Round Fan with Gods of Good Fortune,
Prosperity and Longevity Painted by Shen
Shiru and Lacquered Handle
Qing Dynasty (1644 ~ 1911)
Overall Length with Handle: 41 cm　Diameter: 28 cm

　　扇面以松石为背景，绘福、禄、寿三星立
露台上。中间头戴展脚幞头、身着官服者为福
星，手执如意。福星左侧手抱婴儿者为禄星，身
侧一鹿表明了其身份。福星右侧左手拄杖、右
手捧桃者为寿星。三星身后童子或举扇、或捧
桃、或头顶石榴、或嬉戏。该画勾线细劲，设色
清丽，充满着吉祥、美好的寓意。本幅左下自题
曰："臣沈世儒恭画。"下钤"臣沈世儒"白文方
印。(王中旭)

50

许良标绘天女散花图棕竹柄团扇
清(1644～1911年)
通柄长40.5厘米　面径27.5厘米

Round Fan with Female Immortals Dispersing
Flowers Painted by Xu Liangbiao and Lady
Palm Handle

Qing Dynasty (1644 ~ 1911)
Overall Length with Handle: 40.5 cm　Diameter: 27.5 cm

扇面绘大海中天女回首散花之情形。该画以大海为背景，天女头顶束髻，面容清秀，身披天衣，身姿窈窕，作回首状，右手执竹杖，左手拈花，脚踏莲叶。天女身后有一花篮，篮中插满牡丹、芍药、兰、菊等各种花卉。天女造型严谨生动，衣纹用线细劲而多带有顿挫笔意，设色清雅。天女之清雅、大海之波涛，与团扇纳凉之功能相契合。天女散花的典故原出自《维摩经》，后因文人士大夫和普通民众的喜爱而被世俗化，图中天女立荷叶上在海中散花，可能是受到达摩渡江图样的影响。本幅左下自题曰："臣许良标恭画。"（王中旭）

51

梁德润绘山水图骨柄团扇

清(1644～1911年)
通柄长40.5厘米　面径26.7厘米

Round Fan with Landscape Painting by Liang
Derun and Bone Handle
Qing Dynasty (1644 ~ 1911)
Overall Length with Handle: 40.5 cm　Diameter: 26.7 cm

　　此扇设色绘青山翠谷，谷中水榭楼阁有翠
竹掩映，溪桥之上有高士徐行，一派世外桃源
之景。图中山石以披麻皴为主，皴法细腻，林木
勾染兼备，墨色清润又不失艳丽，全图气韵古
朴，颇富文人逸趣。(谢丽)

52

佚名绘狮子狗图骨柄团扇

清（1644～1911年）

通柄长27.2厘米 面径16厘米

Round Fan with a Pug-dog Painted by an
Anonymous Artist and Bone Handle

Qing Dynasty (1644 ~ 1911)

Overall Length with Handle: 27.2 cm Diameter: 16 cm

扇作十二边形，包锦边，面本色绢地，上绘庭园小景，一小犬摇头摆尾，颇为生动。这种犬学名北京犬，又称宫廷狮子狗、京巴犬，是一种古老的贵族宠物，很有宫廷色彩。配镂雕花纹骨柄。

同此扇形制相似的作品传世不少，其画面均具匠意，应是批量化产出，只需添款、钤印，即可作为赏赐赐予臣僚。（刘岳）

琳琅满目

A Dazzling World

53

素面折扇

清（1644～1911年）

纵32.5厘米　横47厘米

Plain Folding Fan

Qing Dynasty (1644 ~ 1911)

Height: 32.5 cm　Width: 47 cm

扇一面洒金为饰，不规则的金屑如雪花，如光斑，率意而抽象，极具神韵。另一面为纯白素面。

扇股为竹烫花股，烫出深色螺旋形圈点，三两成组，或整或半，大小疏密不等，形成宛若湘妃竹的效果。（谢丽）

琳琅满目

寿字折扇

清(1644～1911年)

纵30厘米　横45厘米

Folding Fan with 'Longevity' Characters

Qing Dynasty (1644 ~ 1911)

Height: 30 cm　Width: 45 cm

扇一面于扇面形边框内绘冰裂纹，间有梅花、竹叶，中心椭圆形开光内绘花卉图，扇面边缘饰寿字及盘肠。另一面于扇面形边框内满书寿字，扇面边缘饰寿字及蝙蝠。此扇所饰图文排列极其规整细密，纹饰寓意长寿、幸福，表达了对生活的美好期盼。(谢丽)

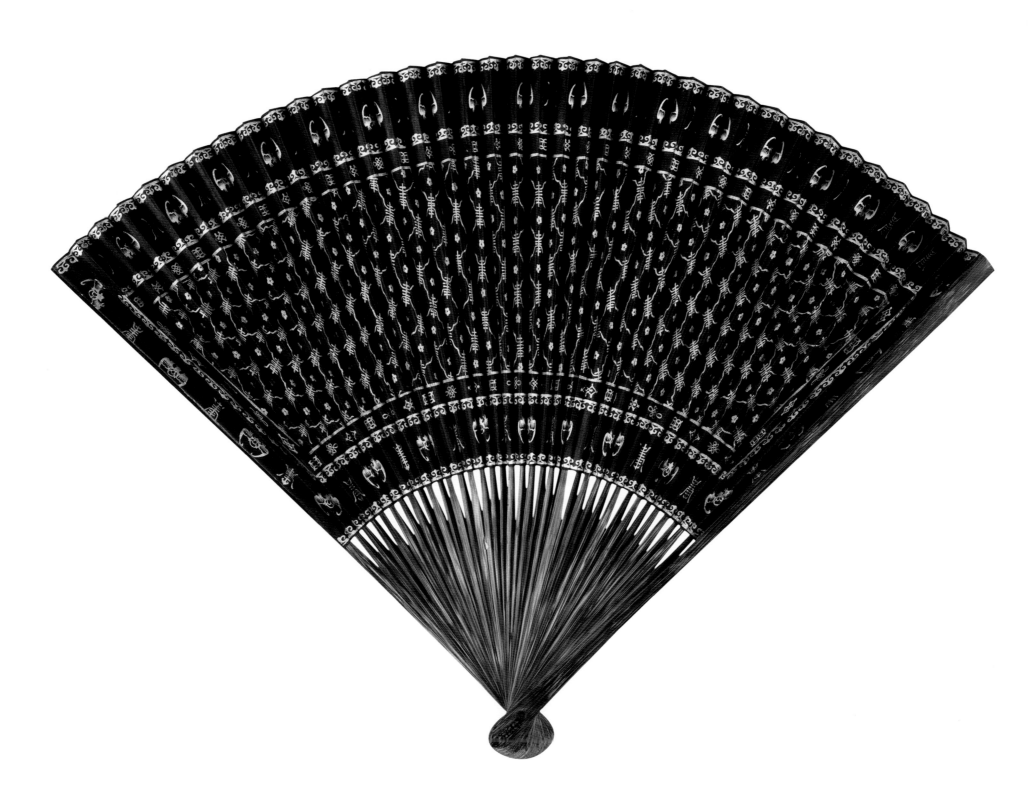

绘花鸟人物图折扇
清(1644～1911年)
纵27.5厘米 横48厘米

Folding Fan with Flowers, Birds and Figures
Qing Dynasty (1644 ~ 1911)
Height: 27.5 cm Width: 48 cm

扇一面绘人物图，另一面绘花鸟图。扇股为黑漆描金，内股饰卷草纹，边股饰古钱纹，古钱上分别有"光绪通宝""咸丰通宝""同治通宝"及满文标识。

细观扇面上人物的面部，并非直接绘画，而是将骨质薄片粘贴其上再绘画面部。这种使用象牙、骨质、螺钿等物来装饰人物面部的做法出自广东。（谢丽）

56

绣绘海棠花鸟图折扇
清(1644～1911年)
纵28.1厘米　横39厘米

Folding Fan with Crabapple Flowers and Birds
Qing Dynasty (1644 ~ 1911)
Height: 28.1 cm　Width: 39cm

扇一面为纸, 绘海棠花鸟图。另一面为绢,
绣相同的海棠花鸟图。扇股为棕竹细股。

一般而言, 扇面采用刺绣工艺的多为团
扇, 而折扇大多题诗作画。此扇画、绣相结合,
给人以耳目一新的感受, 虽艳丽而又不失典
雅。(谢丽)

57

纱绣花鸟图折扇

清（1644～1911年）

纵22厘米　横39厘米

Folding Fan with Flower-and-bird Design
Embroidered on Gauze

Qing Dynasty (1644 ~ 1911)

Height: 22 cm　Width: 39 cm

扇为纱质，单面，绣花鸟图。扇股为骨雕花股，系丝穗。此扇附一黑漆描金花鸟图长方匣，上有黄签，书"前出使意国大臣□□进"。

折扇不仅盛行于中国，还流传到世界其他地区，特别是欧洲，受到宫廷和贵族妇女的青睐，风靡于上流社会。之后欧洲不仅开始大量制作折扇，还不断地从中国进口，于是中国商人开始制作符合西方审美的外销扇输入欧洲，此扇即为这类外销商品。（谢丽）

纱绣花蝶图折扇

清（1644～1911年）

纵21厘米　横36厘米

Folding Fan with Flower-and-butterfly Design
Embroidered on Gauze

Qing Dynasty (1644 ~ 1911)

Height: 21 cm　Width: 36 cm

扇股骨制，共二十一档，内外股均镂雕几何纹饰，无明显区别，有复沓之美。扇面为紫纱地上用丝线绣牡丹花蝶，丝线于不同光线下有不同的光晕变化。两面绣片相同，而一面扇股裸露，以此分出正背。配绿、粉二色丝穗。此扇配色大胆，风格秾丽而具世俗趣味，不失为一件有特点的作品。（刘岳）

孔雀羽折扇
清（1644～1911年）
纵39厘米　横60厘米

Peacock Feather Folding Fan
Qing Dynasty (1644 ~ 1911)
Height: 39 cm　Width: 60 cm

折扇的扇面大多采用纸来制作，极少量
用绢、纱等质地。此扇取孔雀羽为制作扇面材
料，每根孔雀羽与一根扇股相接，展开时犹如
孔雀开屏，舒卷自如，颇具新意。（谢丽）

60

日本制绘花鸟图折扇

约19世纪

纵33.5厘米　横41厘米

Japanese Folding Fan with Flower-and-bird Pattern

19th Century

Height: 33.5 cm　Width: 41 cm

此扇为日本所制, 绘花鸟图。扇股为竹股, 附原装木匣。

折扇起源于日本, 据说是受到蝙蝠双翼的启发而发明, 因此初名蝙蝠扇。早期的蝙蝠扇为单面贴纸, 并且扇股较少。传入中国后先被仿制, 后加以改进与完善, 首先将单面贴纸改为双面贴纸, 正反两面均不显扇股; 其次大大增加扇股的数量, 较之日本折扇更加坚固和美观。之后这种形制的折扇又逆向输入日本, 并为日本所借鉴。(谢丽)

61

朝鲜制印花鸟图折扇

约19世纪

纵29厘米　横41厘米

Korean Folding Fan Impressed with Flower-
and-bird Pattern

19th Century

Height: 29 cm　Width: 41 cm

扇全套共10件，朝鲜制。此为其一，印花鸟图。扇股为竹股。日本的蝙蝠扇不仅传入中国，还传入了朝鲜，之后朝鲜亦开始仿制折扇，但仿品始终不及原产国所制。自北宋起，中国官员即从朝鲜（高丽）使臣处得到过作为馈赠礼物的仿制折扇或日本折扇。（谢丽）

红色缂丝海水云龙图金漆
嵌象牙柄团扇

清乾隆（1736～1795年）

通柄长49.3厘米　面径32.7厘米

Round Fan with Images of Sea Waves, Clouds
and Dragons on Red *Kesi* Silk and Golden
Lacquered Handle with Ivory Inlay

Qianlong Emperor's reign (1736 ~ 1795), Qing Dynasty
Overall Length with Handle: 49.3 cm　Diameter: 32.7 cm

扇为传统的圆形。扇面一条五爪金龙由海
面腾空而起，龙身盘于灵石，周围祥云朵朵，宝
珠耀眼夺目。扇柄为金漆嵌象牙柄。

此扇以缂丝技法制成，龙纹为缂金。缂丝，
又名刻丝、克丝等。其织法以生丝为经、熟丝为
纬，将多种彩色纬丝与经线交织，形成"通经断
纬"。"承空观之，如雕镂之象"，故名缂丝。由于
缂丝工艺繁复，一件成功的作品，所用人力、物
力非普通人家可以承受，故有"一寸缂丝一寸
金"之说。（谢丽）

红色缂丝梅花鸟图象牙
雕八仙图柄团扇

清乾隆(1736~1795年)

通柄长45厘米　面径31.3厘米

Kesi Round Fan with Plum Blossom and Bird
Designs and Ivory Handle Carved with the
Eight Immortals

Qianlong Emperor's reign (1736 ~ 1795), Qing Dynasty
Overall Length with Handle: 45 cm Diameter: 31.3 cm

　　扇作芭蕉式，扇面中央于桃红色地上缂织
折枝牡丹、梅花及绶带鸟，其铺排全依画理，花
枝偃仰有致，小鸟尤其生动。扇幅正背面花纹
相同，线条清晰平整，系使用了新兴的透缂技
术的结果。扇面下部配四出柿蒂形护托，一面
饰缂丝加绘宝相花，一面刺绣卷草纹。扇面整
体以红、蓝二色为主调，牡丹及梅花亦分别用
二种丝线滚边。配色和谐，恰到好处的蓝色稳
定了画面，使其不显甜腻。扇柄牙制，嵌犀角顶
头，柄身阴刻填漆八仙纹，黑白分明，写形传
神。(黄英)

红色缂丝海屋添筹图
乌木雕花柄团扇
清乾隆（1736～1795年）
通柄长46厘米　面径34.3厘米

Round Fan with 'Chits Filling the House by the
Sea' Image on *Kesi* Style Red Silk and Carved
Ebony Handle

Qianlong Emperor's reign (1736 ~ 1795), Qing Dynasty
Overall Length with Handle: 46 cm　Diameter: 34.3 cm

　　扇呈六瓣葵花式，顶端微翘。扇面采用缂
丝技法织成，下为海水，山石之上生长着灵芝，
云端楼阁耸立，一只仙鹤口衔树枝飞向楼阁。
扇柄为乌木雕花柄。

　　此图为"海屋添筹"的典故，是传说在蓬莱
仙岛上有三位仙人互相比长寿，其中一位仙人
说他每当看到人间的沧海变为桑田，就在瓶子
里添一个树枝，现在堆放筹码的屋子已经有十
间屋子了。此扇以此为题材明显含祝寿之意。
（谢丽）

红色缂丝海鹤寿桃图
红木雕花柄团扇

清乾隆（1736～1795年）

通柄长50.5厘米　面径30厘米

Round Fan with Sea, Crane, and Peach
Designs on Red Silk in *Kesi* Style, and Carved
Blackwood Handle

Qianlong Emperor's reign (1736 ~ 1795), Qing Dynasty
Overall Length with Handle: 50.5 cm　Diameter: 30 cm

　　扇作芭蕉式，线条较硬直，上端翘起，形成立体弧度。扇面中间圆光内红地加金缂丝海水江崖，双鹤寿桃，局部经添笔晕染，纹饰细节丰满，敷色鲜艳，金彩华丽，缂织工艺极佳。外黄地素面，仅在四角缂图案化的变体花卉纹，恰成衬托。扇面下部配五瓣式护托，正面缀以染牙镂雕花卉纹饰片，雕染皆精，背面刺绣花纹为饰。扇柄紫檀制，四方体，阴刻填金云蝠纹。上端镶染绿象牙顶头，柄尾本色象牙雕如意云式。此扇工艺、图纹、配色、附件俱有可观之处，为同类团扇中的精品。（刘岳）

黄色缂丝凤梧牡丹图
紫檀木刻寿字柄团扇

清乾隆（1736～1795年）

通柄长49厘米　面径33.5厘米

Round Fan with Images of Phoenix, Chinese
Parasol Tree and Peony on *Kesi* Style Yellow
Silk and Red Sandalwood Handle Carved with
'Longevity' Characters

Qianlong Emperor's reign (1736 ~ 1795), Qing Dynasty
Overall Length with Handle: 49 cm　Diameter: 33.5cm

　　扇呈桐叶式。扇面黄色缂丝，一只凤凰单
足立于桐树上，头向牡丹。扇顶部为铜镀金护
顶，下部为花形护托，扇柄为四方紫檀木柄，通
体描金刻寿字，系黄丝穗。

　　细观扇面可发现少许彩绘，这是清代缂丝
新创的"缂绣混色法"，即将缂丝、刺绣和彩绘
三者结合，以加强织物的装饰效果，丰富和提
高缂丝作品的艺术表现力。但随着在缂丝品上
彩绘着笔的手法增多以致滥用成了偷工取巧的
途径，这种状况在乾隆朝以后尤为突出，大大
削弱了缂丝独具的工艺特色，断送了它的艺术
生命。（谢丽）

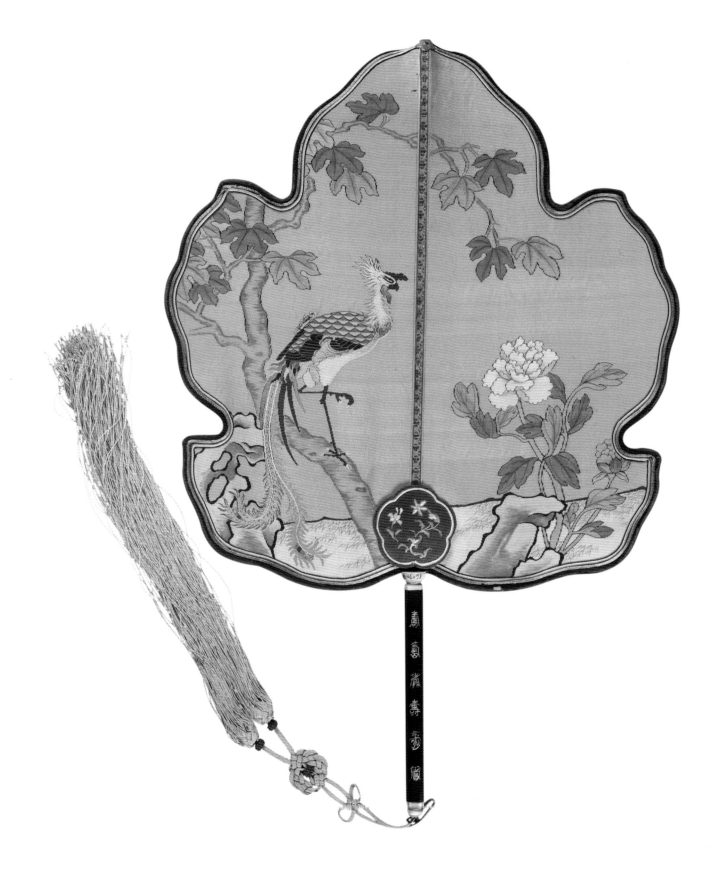

67

黄色缂丝花蝶图红木雕花柄团扇

清乾隆（1736～1795年）

通柄长50厘米　面径33厘米

Round Fan with Flower and Butterfly Designs
on Yellow Silk in *Kesi* Style and Carved
Blackwood Handle

Qianlong Emperor's reign (1736 ~ 1795), Qing Dynasty

Overall Length with Handle: 50 cm　Diameter: 33 cm

　　扇作四瓣葵式，上端翘起，形成立体弧度。
扇面于黄色地上缂出花蝶图，轮廓内细部为补
笔彩绘。纹饰工谨如画，色彩富丽和谐，审美效
果不俗。扇面下部配长方委角护托，刺绣花卉，
边缘贴卷草为饰。红木扇柄，浮雕云蝠纹，两端
镶嵌染牙顶头，下连黄丝穗。（刘岳）

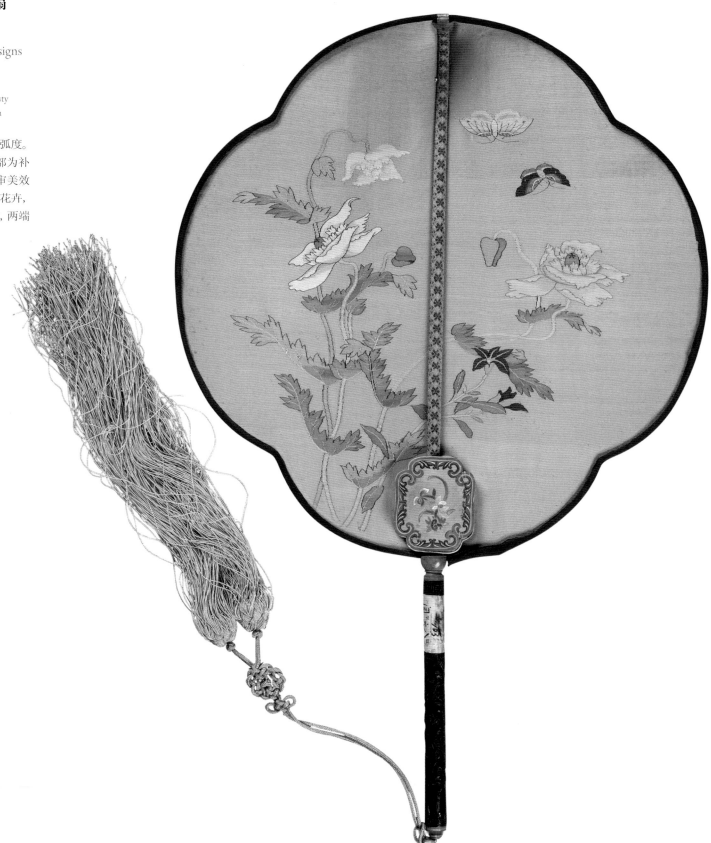

浅绛色缂丝缠枝莲蝙蝠图
竹雕花柄团扇
清乾隆（1736～1795年）

通柄长44.5厘米　面径30厘米

**Round Fan with Interlocking Lotus and Bats
Image on *Kesi* Style Light Crimson Silk and
Carved Bamboo Handle**

Qianlong Emperor's reign (1736 ~ 1795), Qing Dynasty
Overall Length with Handle: 44.5 cm Diameter: 30cm

　　扇面缂丝缠枝莲蝙蝠图，五只蝙蝠展翅飞翔，其一口衔"卍"，此纹饰为祝愿福寿的常用题材。

　　五蝠，即五福。明朝刘三吾等奉敕撰《书传会选》卷四云：五福者，"一曰寿，二曰富，三曰康宁，四曰修好德，五曰考终命"。注云："人有寿而后能享诸福，故寿先之，富者有廪禄也，康宁者无患难也，修好德者乐其道也，考终命者顺其正也。以王道言之，寿者尊贤养老也，富者利用厚生也，康宁者老安少怀也，修好德者任贤使能也，考终命者封谥如法送之以礼也，以福之急缓为先后。"（谢丽）

69

浅蓝色缂丝牡丹花蝶图
乌木雕花柄团扇

清乾隆（1736～1795年）

通柄长45.1厘米　面径32.1厘米

Round Fan with Peony and Butterfly Designs
on Light Blue *Kesi* Silk and Carved Ebony
Handle

Qianlong Emperor's reign (1736 ~ 1795), Qing Dynasty
Overall Length with Handle: 45.1 cm Diameter: 32.1 cm

　　扇作芭蕉式，上广下狭，上端翘起，使扇
面形成立体弧度。中于蓝色地上缂织折枝牡丹
花及蝴蝶图案，铺排全依画理，花叶偃仰多姿。
值得注意的是，物象形体边缘为缂丝，其内则
为添笔彩绘，这样既降低了工艺难度，又使局
部更为精致和写实。扇面下部配椭圆分瓣式护
托，一面缂丝，一面刺绣花卉，边缘贴卷草为
饰。扇柄乌木制，嵌染牙顶头，柄身饰以嵌银丝
缠枝花纹。（刘岳）

白色缂丝花蝶图木雕花柄团扇
清嘉庆至道光（1796～1850年）
通柄长49.3厘米　面径30.2厘米

Round Fan with Flower and Butterfly Design
on *Kesi* Style White Silk and Carved Wooden
Handle
Jiaqing to Daoguang emperors' reign (1796 ~ 1850),Qing Dynasty
Overall Length with Handle: 49.3 cm　Diameter: 30.2 cm

　　扇呈委角长方形，上部略宽。扇面白色缂
丝花蝶图，花卉风格写实，蝴蝶姿态逼真，极富
动感。扇面镶染牙雕花护托，下配木雕花柄。

　　缂丝为中国传统丝织工艺品种之一。其历
史悠久，出现不晚于唐代，历经宋、元、明时期
的不断发展，到乾隆时期随着社会的稳定和经
济的日益繁荣，缂丝工艺的发展登上了继宋代
之后的又一个高峰。乾隆以后直至清末，随着
清王朝国势的日薄西山，缂丝制品罕有精品，
绚丽不再。（谢丽）

浅驼色纱绣花鸟图棕竹雕花柄团扇

清乾隆（1736～1795年）

通柄长47厘米　面径30厘米

Round Fan with Flower-and-bird Design
Embroidered on Light Tan Gauze and Carved
Lady Palm Handle

Qianlong Emperor's reign (1736 ~ 1795), Qing Dynasty
Overall Length with Handle: 47 cm　Diameter: 30 cm

　　扇作石榴形，竹柄刻花叶纹。扇面以细薄的暗花纱为地，地纹为牡丹花，正面用五彩丝线刺绣折枝花卉和小鸟，背面以堆绫绣同样的图案，两面同纹而异趣。正面刺绣针法整齐，以套针绣花瓣、枝干，以斜缠针绣花叶，针脚细密精致，丝线柔润的光泽使古朴雅致的扇面增添了些许亮丽。扇背面的堆绫绣绫片晕染自然，剪贴精妙，既盖住了正面针脚，又衬显出画面的立体感。（黄英）

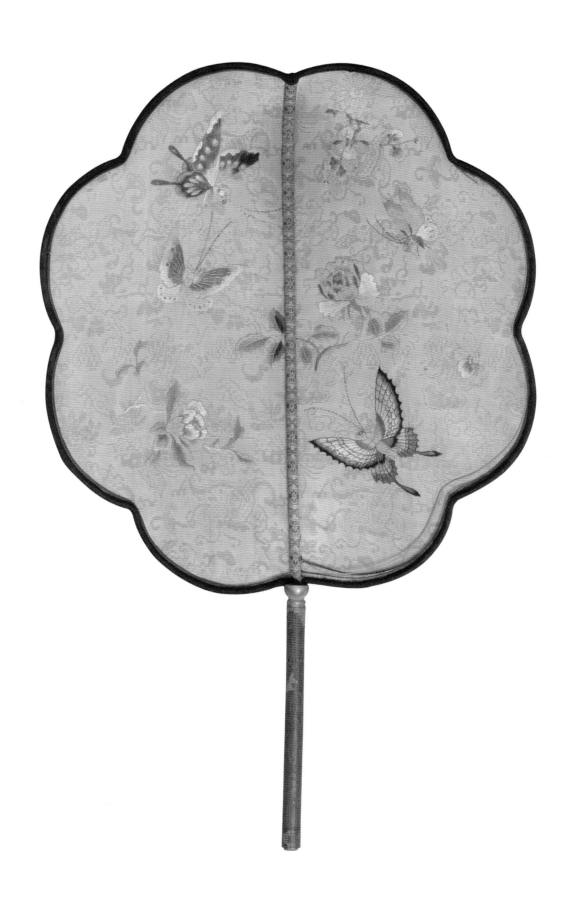

浅驼色纱绣花蝶图留青竹柄团扇

清乾隆（1736～1795年）

通柄长46.5厘米　面径30.5厘米

Round Fan with Flowers and Butterfly
Embroidered on Light Tan Gauze and Handle
Carved to Retain the Skin

Qianlong Emperor's reign (1736 ~ 1795), Qing Dynasty
Overall Length with Handle: 46.5 cm　Diameter: 30.5 cm

　　扇作葵瓣形，竹柄。扇面为轻柔细薄的暗
花纱。正面刺绣五彩折枝牡丹、蝴蝶，背面为
同样图案的堆绫彩绣。正面刺绣以套针为基
础，用施毛针、钉针、缠针、打籽等针法绣花
卉，用滚针、钉金针法绣蝶须。背面堆绫绣的技
法繁复，须按正面蝴蝶花卉图案剪出绫片，以
笔墨渲染色彩，贴于与正面相应的位置，压盖
住刺绣的针脚，并以钉针固定。绫片微突起于
纱面，稍具立体感。

　　扇面绣地轻薄，两面图案虽同而技法全异，
均为写实风格。以丝线和绫片代替彩墨，将蝶
的动感、花的婀娜表现出来，既有传统工笔画
工丽细致的特点，更有绘画所不及的柔美光泽
和浮雕般的艺术效果。（黄英）

黑色纱绣花卉图红木雕花柄团扇
清乾隆(1736~1795年)
通柄长46.2厘米　面径31.9厘米

Round Fan with Flowers Embroidered on Black
Gauze and Carved Blackwood Handle
Qianlong Emperor's reign (1736 ~ 1795), Qing Dynasty,
Overall Length with Handle: 46.2 cm　Diameter: 31.9 cm

　　扇呈芭蕉式。扇面以黑色暗花纱为地，绣一桃枝，桃花有的含苞待放，有的争相斗艳，几颗寿桃十分醒目，间有蝙蝠落于其上。刺绣针法整齐，细密精致。扇柄为红木雕花柄，下系橙色丝穗。

　　蝙蝠和寿桃为人们喜闻乐见的吉祥图案，表达了祈求福寿绵长的美好愿望。(谢丽)

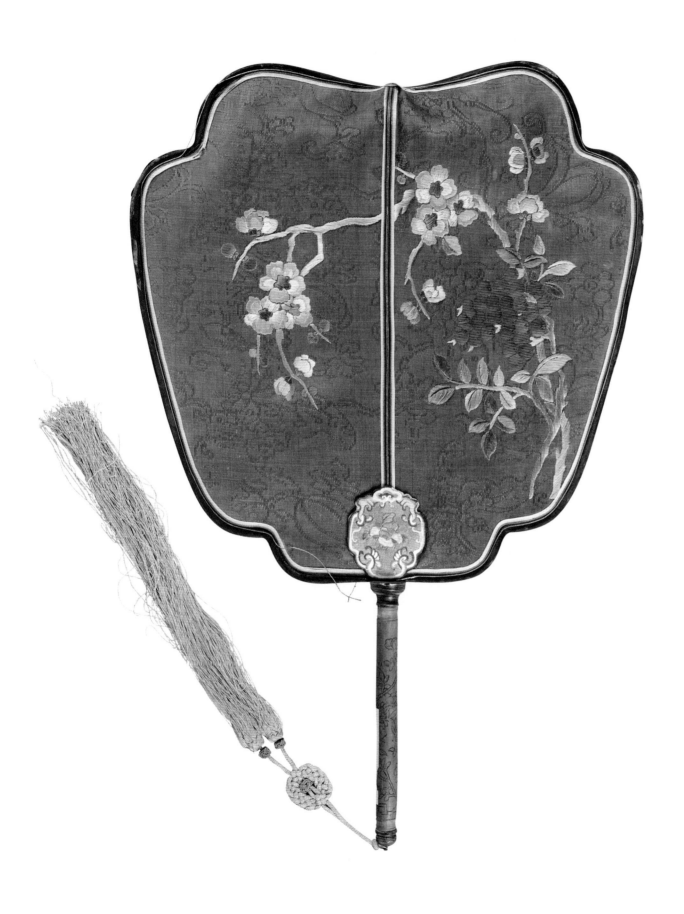

驼灰色纱绣花卉图木雕花柄团扇
清嘉庆至道光（1796～1850年）
通柄长46厘米　面径31.5厘米

Round Fan with Flowers Embroidered on
Camel-colored Gauze and Carved Wooden
Handle
Jiaqing to Daoguang emperors' reign (1796 ~ 1850), Qing Dynasty
Overall Length with Handle: 46 cm　Diameter: 31.5 cm

　　扇呈芭蕉式，委角。扇面以轻柔细薄的驼
灰色暗花纱为地，地纹为花卉纹，清晰可见，具
有雕刻般的艺术效果。扇面于暗花纱地纹之上
绣花卉图，绣面匀薄，针脚细密，针法纯熟。扇
柄为木雕花柄，下系丝穗。（谢丽）

赭色纱绣秋海棠花图
乌木雕花柄团扇

清嘉庆至道光（1796～1850年）
通柄长46厘米　面径29.5厘米

Round Fan with Begonia Flowers Embroidered
on Ocher Gauze and Carved Blackwood
Handle

Jiaqing to Daoguang emperors' reign (1796 ~ 1850), Qing Dynasty
Overall Length with Handle: 46 cm Diameter: 29.5 cm

　　扇呈芭蕉式，委角。扇面以赭色暗花纱为
地，地纹为花果纹，硕大的桃实内织有团寿字，
为祝福长寿之意。扇面于地纹之上绣海棠花图。
扇柄为乌木雕花柄，下系橘黄色丝穗，附松石
珠两粒。（谢丽）

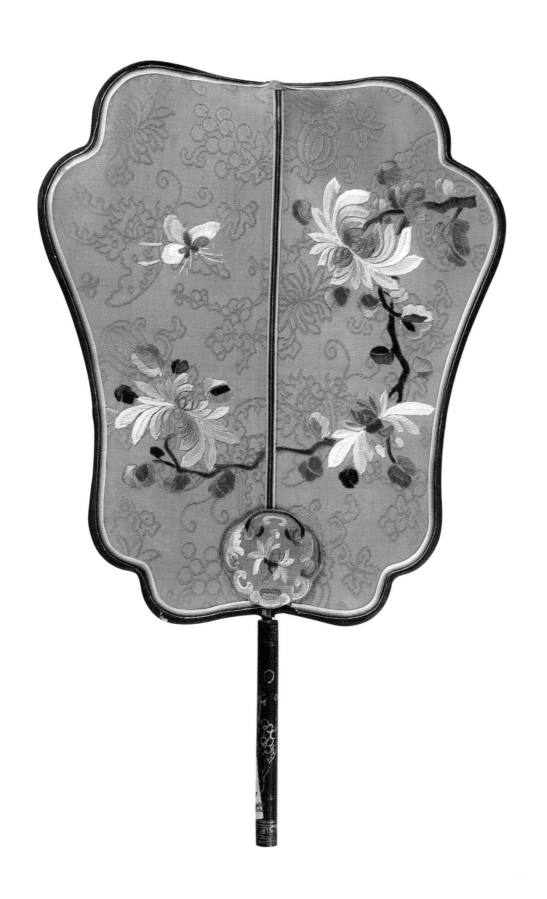

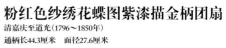

76

粉红色纱绣花蝶图紫漆描金柄团扇

清嘉庆至道光(1796～1850年)

通柄长44.3厘米　面径27.6厘米

Round Fan with Flowers and Butterfly
Embroidered on Pink Gauze and Purple
Lacquered Handle with Gold Tracery
Jiaqing to Daoguang emperors' reign (1796 ~ 1850), Qing Dynasty
Overall Length with Handle: 44.3 cm　Diameter: 27.6 cm

　　扇呈芭蕉式，委角。扇面以粉红色暗花纱
为地，绣菊花蝴蝶图。扇面下部为绣菊花纹护
托，配紫漆描金柄。
　　中国人对菊花的喜爱是不言而喻的，菊花
开于草木衰微的秋天，傲视风霜，犹如隐逸者，
故又名"节花"，与梅、兰、竹并誉为"四君子"。
（谢丽）

77

红色绸绣花卉佛手图
红木雕花柄团扇

清乾隆(1736～1795年)

通柄长48.5厘米　面径32.3厘米

Round Fan with Flowers and Fingered
Citron Embroidered on Red Silk and Carved
Blackwood Handle

Qianlong Emperor's reign (1736 ~ 1795), Qing Dynasty
Overall Length with Handle: 48.5 cm　Diameter: 32.3 cm

　　扇呈芭蕉式，委角，略方。扇面以红色绸
为地，绣花卉佛手图。扇顶部配以铜镀金护顶，
下配红木雕花柄。

　　此扇佛手采用了打籽绣法，打籽是我国
传统刺绣基本技法之一，用线条绕成小粒绣一
针，如籽一般。由古老的锁绣发展而来，多用于
绣制花心。(谢丽)

红色绸绣婴戏图紫檀木嵌染象牙银丝柄团扇
清乾隆(1736～1795年)
通柄长50.4厘米　面径30.4厘米

Round Fan with Picture of Children at Play
Embroidered on Red Silk and Red Sandalwood
Handle Inlaid with Stained Ivory and Silver
Filigree
Qianlong Emperor's reign (1736 ~ 1795), Qing Dynasty
Overall Length with Handle: 50.4 cm　Diameter: 30.4 cm

　　扇作圆形，上广下狭，扇面以红色绸为
地，双面绣婴戏图。婴戏图是中国传统的装饰
题材。图中六名孩童在室外嬉戏玩耍，山石、
花卉、松树、蜈蚣风筝、蝴蝶翻飞，画面内容饱
满，层次丰富，孩童的神态刻画得惟妙惟肖。扇
柄以紫檀木制，柄正面嵌染色象牙蟠螭纹及如
意纹，反面镶嵌银丝，尾端缀黄色绦穗，穗结处
系红色珊瑚珠三枚。此扇旧藏同顺斋西耳房。
(黄英)

黑色绸绣菊花双蝶图竹柄团扇

清嘉庆至道光(1796～1850年)
通柄长48厘米　面径31厘米

Round Fan with Chrysanthemums and Two
Butterflies Embroidered on Black Silk and
Bamboo Handle
Jiaqing to Daoguang emperors' reign (1796 ~ 1850), Qing Dynasty
Overall Length with Handle: 48 cm　Diameter: 31 cm

扇呈十二葵瓣式。扇面以黑色绸为地,绣菊花双蝶图,丝线柔润的光泽给古朴雅致的扇面增添了些许亮丽。扇顶端配以铜镀金护顶,下部有如意形护托,护柄正背面分别镶有染牙镂空花片及刺绣桃蝠装饰。扇柄为留青竹雕花卉湖石纹柄。

此扇配色淡雅凝重、柔和自然,丝毫没有艳俗之感,为嘉庆、道光时期精品。(谢丽)

蓝色绸绣花蝶图棕竹柄团扇
清咸丰至宣统（1851～1911年）
通柄长38.2厘米 面径22.6厘米

Round Fan with Flowers and Butterfly
Embroidered on Blue Silk and Lady Palm
Handle
Xianfeng to Xuantong emperors' reign (1851 ~ 1911), Qing Dynasty
Overall Length with Handle: 38.2 cm Diameter: 22.6 cm

　　扇椭圆，呈十二方。扇面以蓝色绸为地，绣花蝶图。扇面包锦边，配以棕竹柄，系粉红及嫩绿两色丝穗。

　　同治、光绪年间，国家内忧外患，但是由于慈禧皇太后对团扇的喜爱，使得团扇的制作出现了一个小的高峰。然而数量虽庞大，但无论是设计、材质还是工艺水平都无法和清代中期相比拟。（谢丽）

白色绸绣花蝶图
象牙雕竹节纹柄团扇
清咸丰至宣统(1851～1911年)
通柄长37.8厘米　面径24.5厘米

Round Fan with Flowers and Butterfly
Embroidered on White Silk and Ivory Handle
Carved with Bamboo Joint Design
Xianfeng to Xuantong emperors' reign (1851 ~ 1911), Qing Dynasty
Overall Length with Handle: 37.8 cm　Diameter: 24.5 cm

　　扇面圆形,于本色素绢地上双面绣折枝石
榴花及逐花彩蝶一。所用针法丰富,有套针、斜
缠针、钉针、反抢针等,针脚细密,藏针巧妙,
水路清晰,将花叶的体积及层叠、向背关系都
表现了出来,颜色的明暗、晕色的过渡也非常
自然。边缘贴锦边一周。象牙雕刻竹节纹柄,自
下至上贯通,微微收分,每一节均有细腻的轮
廓线变化,看似简单实则精致。边框亦为象牙
制。系明黄色丝穗,结蝴蝶形盘长结。(刘岳)

蓝色缎绣花卉博古图红木柄团扇

清咸丰至宣统（1851～1911年）

通柄长47厘米 面径29.2厘米

Round Fan with Flowers and Antiquities
Embroidered on Blue Satin and Blackwood
Handle

Xianfeng to Xuantong emperors' reign (1851 ~ 1911), Qing Dynasty

Overall Length with Handle: 47 cm Diameter: 29.2 cm

扇呈芭蕉式。扇面为蓝色缎面，绣花卉博
古图。扇顶部护顶处坠以一红色小绒球，颇为可
爱，下部护托绣佛手纹，配以红木柄，系丝穗。

博古图是以多种古代器物如铜器、玉器、
瓷器等为图形作装饰的纹样。（谢丽）

白色缎绣孔雀松树牡丹图漆柄团扇
清咸丰至宣统(1851～1911年)
通柄长43.2厘米　面径27厘米

Round Fan with Peacock, Pines and Peonies
Embroidered on White Satin and Lacquered
Handle
Xianfeng to Xuantong emperors' reign (1851 ~ 1911), Qing Dynasty
Overall Length with Handle: 43.2 cm　Diameter: 27 cm

　　扇为圆形。扇缎面绣孔雀松树牡丹图,松
树下,牡丹花丛间,一孔雀昂首垂翼,徐行于坡
上,用色大胆而浓重,富于视觉冲击力。扇配以
黑漆框及黑漆镂空柄。

　　扇面绣法为广绣。广绣是广州刺绣的
简称,亦称粤绣,与苏绣、湘绣、蜀绣同被誉
为清代四大名绣。广绣品常以龙、凤、孔雀、
仙鹤、鹿、羊、狮子、麒麟、牡丹、松树等为
题材。富有地方风格的"丹凤朝阳""孔雀开
屏""三阳开泰""百鸟朝凤""狮子滚绣球"等为
人们所喜闻乐见的图案纹饰,极富装饰趣味。
(谢丽)

绿色纳纱花蝶图留青竹柄团扇

清乾隆(1736～1795年)
通柄长48.5厘米　面径31厘米

Round Fan with Petit-point Embroidered
Images of Flowers and Butterfly on a Green
Ground and Bamboo Handle Carved to Retain
the Skin

Qianlong Emperor's reign (1736 ~ 1795), Qing Dynasty
Overall Length with Handle: 48.5 cm　Diameter: 31 cm

　　扇呈八葵瓣式。扇面绿色纱为地,薄如
蝉翼,以纳纱技法绣花蝶图。扇顶部为铜镀
金护顶,下部为佛手纹护托,配以留青竹柄。

　　纳纱,亦称"戳纱"或"纳绣"。用素纱作
地子,有规律地按纱孔行针刺绣,或垂直、或
斜向,针路规整匀齐,有强烈的织纹感和装
饰效果。(谢丽)

**绛色纳纱佛手花鸟图
檀木雕花柄团扇**

清乾隆（1736～1795年）

通柄长46.5厘米　面径32.5厘米

Round Fan with Petit-point Embroidered
Designs of Fingered Citron, Flowers and Birds
on a Crimson Ground and Carved Sandalwood
Handle

Qianlong Emperor's reign (1736 ~ 1795),Qing Dynasty
Overall Length with Handle: 46.5 cm Diameter: 32.5 cm

　　扇呈八葵瓣式，扇面以绛色纱为地，以纳
纱工艺绣佛手花鸟图，扇边饰四组皮制彩绘几
何卷草装饰，与纳纱绣相映成趣。佛手，因"佛"
与"福"音似，故古代多以佛手象征多福。

　　扇顶端为铜镀金护顶，镶黄色龟背"卍"字
锦柄梁，下部五福捧寿纹护托，配以檀香木雕
灵仙祝寿纹扇柄，柄两端镶染色虬角，系黄丝
穗。（谢丽）

86

蓝色纳纱花蝶图
骨染雕夔龙纹柄团扇

清乾隆 (1736～1795年)

通柄长46厘米　面径33厘米

Round Fan with Petit-point Embroidered
Designs of Flowers and Butterfly on a Blue
Ground and Dyed Bone Handle Carved with
Dragon Design

Qianlong Emperor's reign (1736 ~ 1795), Qing Dynasty
Overall Length with Handle: 46 cm Diameter: 33 cm

　　扇呈芭蕉式。扇面蓝色, 纳纱花蝶图, 花枝
偃仰有致, 叶片虚实向背, 层次分明, 蝴蝶姿态
逼真, 生动自然。

　　扇顶端为铜镀金护顶, 下部镶梅花形护托,
绣卷草花卉纹, 配以骨染雕夔龙纹柄。(谢丽)

绸粘缎山水楼台图木柄团扇

清乾隆(1736～1795年)
通柄长46.9厘米　面径31.5厘米

Round Fan with Appliqué Satin Landscape and
Towers on Silk and Wooden Handle
Qianlong Emperor's reign (1736 ~ 1795), Qing Dynasty
Overall Length with Handle: 46.9 cm Diameter: 31.5cm

　　扇作葵瓣形，以绸为地。绸面上凸粘缎制
山水楼台图，远山、近水、祥云、亭台楼阁，远
近有层次，高低错落有致。扇面中部分祥云、流
水图案为直接绘于扇面，部分山石、树木、楼
阁、人物等以堆绫技法制成。即按照纹饰图样
剪出缎片，以笔墨渲染色彩，然后在缎片下面
托纸，再粘贴于扇面上相应的位置。画与贴巧
妙地融为一体，极富立体感。扇脊绘金色图案，
以祥云状铜片固定，并起到连接扇脊与扇柄的
作用。扇柄木制，刻祥云图案。(黄英)

黄色纱贴绫绢桃树双鹤图
染雕骨柄团扇

清乾隆（1736～1795年）

通柄长49厘米　面径32.5厘米

Round Fan with Appliqué Damask Image of
Peach Tree and Two Cranes on Yellow Gauze
and Dyed and Carved Bone Handle

Qianlong Emperor's reign (1736 ~ 1795), Qing Dynasty
Overall Length with Handle: 49 cm　Diameter: 32.5 cm

　　扇呈叶式，扇面以轻透细薄的黄纱为地，
绫绢为质裁成双鹤、寿桃及灵芝图案贴于扇面
之上，绫片微微突起于纱面，将仙鹤的动感表
现出来，极具立体效果。扇柄为染雕骨柄，系黄
丝穗。

　　此扇采用了堆绫技法，堆绫是中国古代
织绣品种之一。用料以绫为主，亦可用绢、缎、
纱、罗、绸、麻和布等料。将料按事先设计好的
图案剪裁成各式绫片后托纸、粘贴或用针线缝
钉上，堆成各式纹样，或在上面再加刺绣。

　　扇面所饰仙鹤被誉为长寿千年的灵禽，寿
桃亦为长寿的象征，灵芝被认为是神奇祥瑞之
草，有起死回生、长生不老的奇功。此扇祈福、
祝寿之意表露无遗。（谢丽）

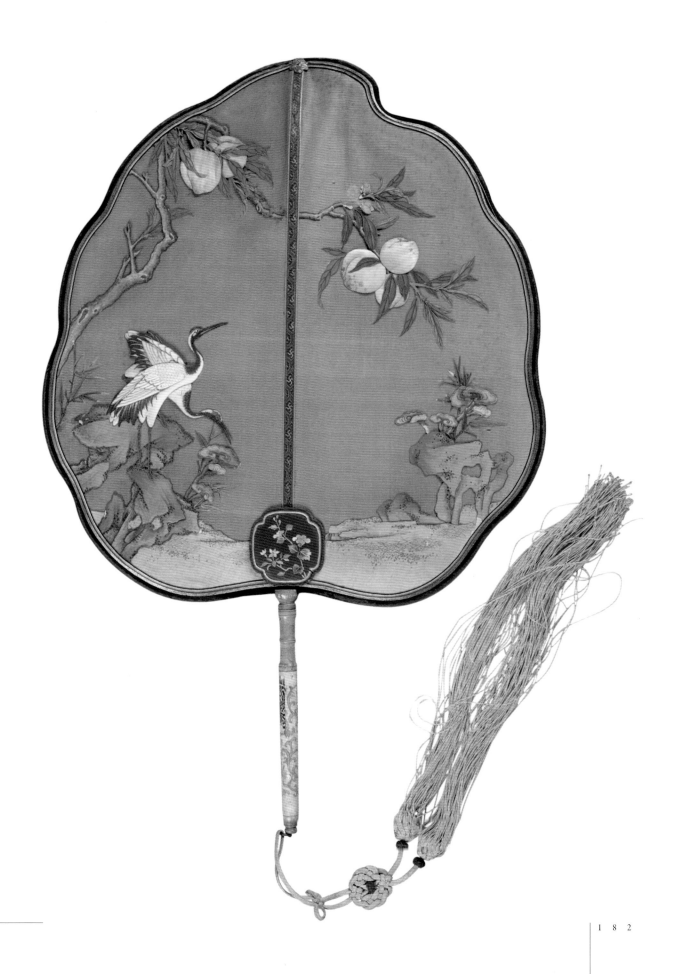

89

米色纱贴绢桃树仙鹤图
乌木雕花柄团扇

清乾隆（1736～1795年）
通柄长48.8厘米　面径33.2厘米

Round Fan with Appliqué Silk Design of Peach
Tree and Crane on Cream-colored Gauze and
Carved Ebony Handle
Qianlong Emperor's reign (1736 ~ 1795), Qing Dynasty
Overall Length with Handle: 48.8 cm Diameter: 33.2 cm

　　扇作葵瓣形，乌木雕花柄。扇面以米色直
径纱为地，轻柔细薄。正面以堆绫技法贴仙鹤
寿桃图，即按照纹饰图样剪出绢片，以笔墨渲
染色彩，再贴于纱面上相应的位置，只于扇面
下部的草地部分绘画少许小草。仙鹤寿桃图案
为中国传统装饰题材，取祝寿、献瑞之寓意。桃
树上，果实累累压满枝，小溪旁，仙鹤汲水的姿
态生动而逼真。背面纹饰与正面图案相同，以
同样繁复的堆绫技法制作而成。绢片微微突起
于纱面，极具立体感。(黄英)

米色纱贴绢花蝶图蓝漆描金柄团扇

清乾隆（1736～1795年）
通柄长46.5厘米 面径27.5厘米

Round Fan with Appliqué Silk Flower and
Butterfly Designs on Cream-colored Gauze and
Blue Lacquered Handle with Gold Tracery
Qianlong Emperor's reign (1736 ~ 1795), Qing Dynasty
Overall Length with Handle: 46.5 cm Diameter: 27.5 cm

　　扇形独特，扇周饰以如意云头纹装饰。扇
面以米色纱为地，贴绫绢花蝶图，蝴蝶上下翻
飞姿态逼真，蝶翅色彩斑斓质感生动，有呼之
欲出之态，立体感十足。扇柄为蓝漆描金柄。
　　传统团扇多为圆形，逐渐发展亦有椭圆、
梅花、葵花、海棠、桐叶等形。此扇造型独特优
雅，配色自然柔和，技法细致入微，给人以清新
之感。(谢丽)

红色绸贴绒花卉图金漆柄团扇

清乾隆（1736～1795年）
通柄长49厘米　面径31.5厘米

Round Fan with Appliqué Velvet Images of
Flowers on Red Silk and Gold Lacquered
Handle
Qianlong Emperor's reign (1736 ~ 1795), Qing Dynasty
Overall Length with Handle: 49 cm　Diameter: 31.5 cm

　　扇呈芭蕉式。扇面以红色绸为地，贴绒绢
花卉图。扇面顶端镶有铜镀金护顶，中部镶龟
背"卐"字锦柄梁，下部为花形护托，扇柄为金
漆柄，系黄丝穗。

　　扇面色彩艳丽，花卉风格写实，花片粘
合精细，工艺精湛无比。（谢丽）

黄色绸贴绒花蝶图红木雕花柄团扇

清乾隆(1736～1795年)
通柄长47.6厘米 面径32.3厘米

Round Fan with Appliqué Velvet Flower and
Butterfly Designs on Yellow Silk and Carved
Red Wood Handle
Qianlong Emperor's reign (1736 ~ 1795), Qing Dynasty
Overall Length with Handle: 47.6 cm Diameter: 32.3 cm

　　扇作芭蕉式，上端翘起，形成立体弧度。扇面黄色绸地上贴各色绒布组成湖石花蝶图，局部补笔加绘。其工艺极富特点，色彩艳丽，宛如工笔画出，边界清晰，又似剪纸，兼具一定体量感。扇面下部配六瓣式护托，刺绣花卉，边缘贴卷草为饰。扇柄红木制，嵌染牙顶头，柄身阴刻花卉纹。(刘岳)

浅蓝色暗花纱水仙福寿图
斑竹柄团扇

清咸丰至宣统(1851~1911年)
通柄长40.5厘米　面径25.8厘米

Round Fan with Narcissus and 'Blessing' and
'Longevity' Characters on Light Blue Gauze
and Mottled Bamboo Handle

Xianfeng to Xuantong emperors' reign (1851 ~ 1911), Qing Dynasty
Overall Length with Handle: 40.5 cm　Diameter: 25.8 cm

　　扇圆形。扇面为浅蓝色暗花纱水仙福寿图,
图案分别有蝙蝠、寿桃、水仙。扇面包锦边,配
以竹烫花柄梁。

　　蝙蝠取谐音为"福",寿桃则象征"长寿",
水仙花是为数不多的在冬天绽开的花卉,且水
仙之"仙"与神仙之"仙"字同,此三种物象组合
为祈祝长寿之意。(谢丽)

94

缎心绸边钉玻璃珠字骨柄团扇

清咸丰至宣统(1851～1911年)

通柄长36.4厘米　面径22.2厘米

Round Fan with Satin Face, Silk Rim,
Characters Sewn in Glass-beads and Bone
Handle

Xianfeng to Xuantong emperors' reign (1851 ~ 1911), Qing Dynasty
Overall Length with Handle: 36.4 cm　Diameter: 22.2 cm

　　扇呈椭圆形。扇面为双层, 缎面扇心, 一面
钉玻璃珠字为五福, 周围彩绣暗八仙; 另一面
钉玻璃珠字为大吉, 周围彩绣花卉纹。于扇心
周围又以绸缝制扇边, 作细密规整的褶皱纹。
扇柄为骨柄, 系丝穗。

　　暗八仙是中国传统装饰纹样之一。八仙指
神话传说中神通广大的道家神仙铁拐李、汉钟
离、蓝采和、张果老、何仙姑、吕洞宾、韩湘子
和曹国舅, 他们各持一件宝物, 分别是葫芦、扇
子、花篮、渔鼓、荷花、宝剑、洞箫和玉板。传说
这些宝物法力无边, 有逢凶化吉之作用, 其被
用作装饰图案, 以物代人, 称"暗八仙"。(谢丽)

95

缎心绸边平金博古花卉图骨柄团扇
清咸丰至宣统(1851～1911年)
通柄长38.5厘米　面径26.5厘米

Round Fan with Antiques and Flowers
Embroidered in Gold on Satin Center, Silk
Rim, and Bone Handle
Xianfeng to Xuantong emperors' reign (1851 ~ 1911), Qing Dynasty
Overall Length with Handle: 38.5 cm　Diameter: 26.5 cm

　　扇面以湖色绸为边，打褶规律而有装饰性，
中间磁青色地上以平金法表现主题纹饰，一面
为鼎与宝珠、蝙蝠组成博古图，一面为花卉纹
样。不同位置的捻金线分别用红色、白色细线
固定，取得不同的视觉效果，十分讲究。扇柄骨
制，镂雕花纹，工艺精整。(刘岳)

贝叶贴绢花果图漆柄团扇

清乾隆（1736～1795年）

通柄长48.3厘米　面径28.4厘米

Round Fan with Appliqué Silk Flowers and
Fruit Designs on Palm Leaf and Lacquered
Handle

Qianlong Emperor's reign (1736 ~ 1795), Qing Dynasty
Overall Length with Handle: 48.3 cm　Diameter: 28.4cm

　　扇作圆形，以贝叶标本为地，其上以剪裁
的绢画满贴牡丹、枇杷等花果。图面色彩丰富，
红色花朵，绿色枝叶，配以黄色果实。扇面下端
饰蓝灰色山石，层次清晰。扇饰黑漆边柄，扇脊
以黄色丝线裹编为地，再通脊以红蓝两色丝线
编出几何图案。扇边与黑漆扇柄以象牙连接，
扇柄刻花卉纹。

　　贝叶取自一种名为贝叶棕的植物的叶片，
经过特殊的工艺，将其加工为标本，用以制作
成扇，也可以代替纸写字。贝叶贴绢为一种特
殊的制扇工艺，因其制作工序繁复，且易破损，
清代宫廷中使用得并不多，目前故宫博物院仅
藏两柄。（黄英）

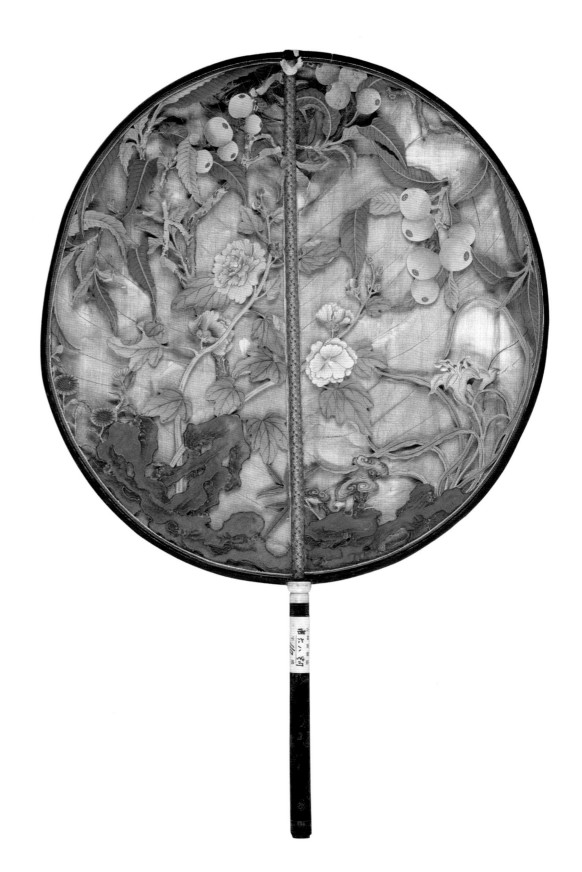

贝叶画花卉图木柄团扇
清(1644～1911年)
通柄长28.2厘米　面径12.7厘米

Round Fan with Flowers Painted on Palm Leaf
and Wooden Handle
Qing Dynasty (1644 ~ 1911)
Overall Length with Handle: 28.2 cm Diameter: 12.7cm

扇面上丰下敛，无曲面弧度，表面粘裱贝叶一层，叶脉隐现，效果独特，一面绘简笔花卉。以小玉璧为扇面下部与柄连接处之护托。黄杨木柄，顶端雕成如意形，与扇面地色相近，整体色调深沉内敛。

此扇形制别致，制作工艺罕见，是一件值得重视的传世实物。(刘岳)

绘人物图象牙柄潮州扇
清(1644～1911年)
通柄长32.5厘米　面径22厘米

Chaozhou Fan with Painting of Figures and
Ivory Handle
Qing Dynasty (1644 ~ 1911)
Overall Length with Handle: 32.5 cm　Diameter: 22 cm

此潮州扇绘人物图，配以光素象牙柄。

扇左侧印有"萧和记"商号名称。此扇配有
原包装纸套，上印"五坑瓦号时款雅扇"并商铺
位置"铺在粤东省城高第街开张"，为研究者提
供了宝贵的历史资料。（谢丽）

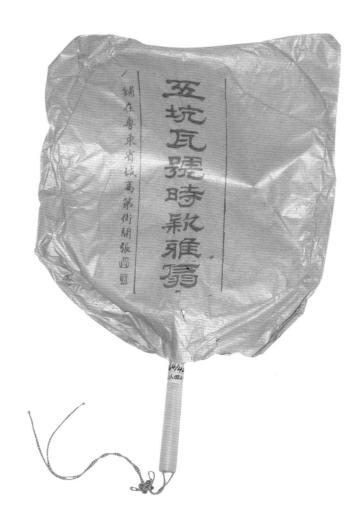

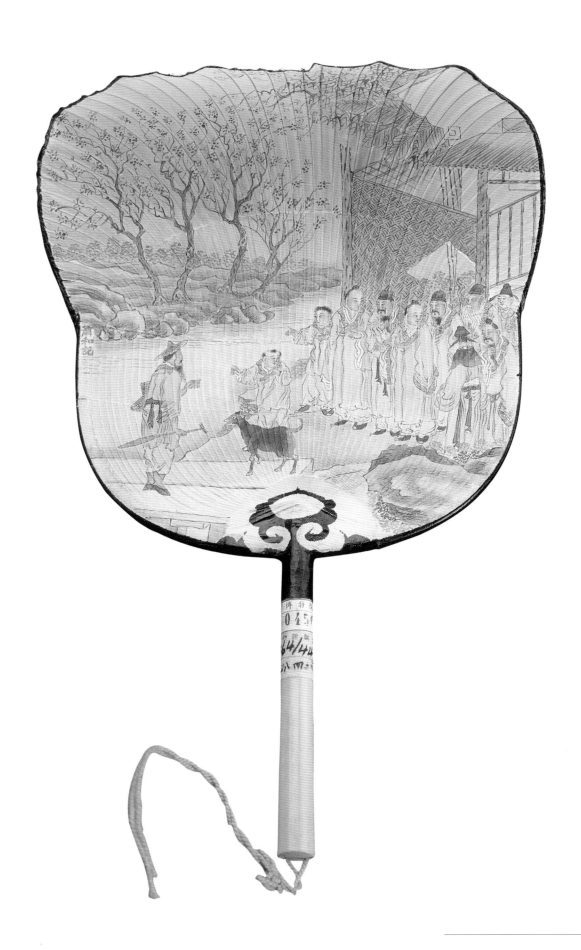

绘人物图骨柄潮州扇

清(1644～1911年)
通柄长34厘米　面径20.9厘米

Chaozhou Fan with Painting of Figures and
Bone Handle
Qing Dynasty (1644 ~ 1911)
Overall Length with Handle: 34 cm　Diameter: 20.9 cm

　　扇以数十根极细的竹丝为地，两面糊绢，
作裙褶纹，为便于拢风而成内兜形，黑漆包边。
扇面微黄，绘百姓喜闻乐见的故事图。扇柄为
光素骨柄。

　　此扇为"潮州扇"，是广东潮州的特产，作
为土贡经常贡入清宫，深得宫廷喜爱。(谢丽)

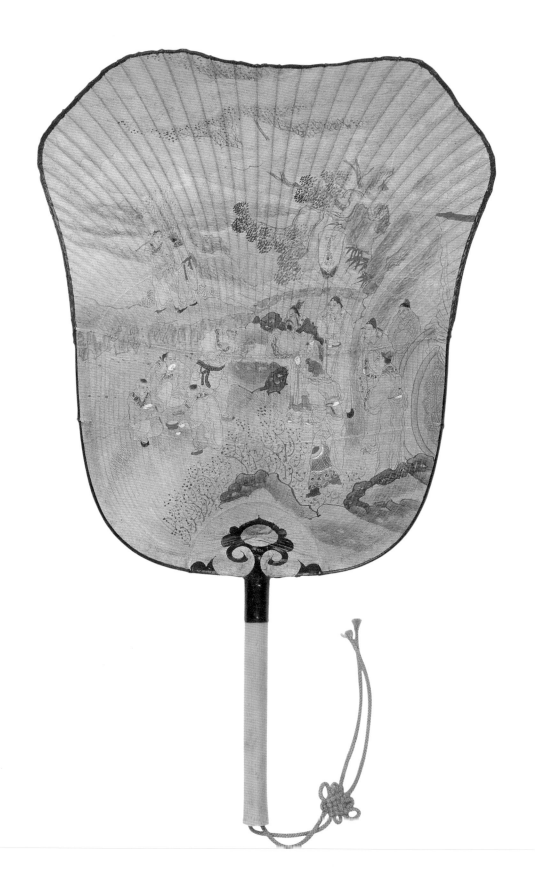

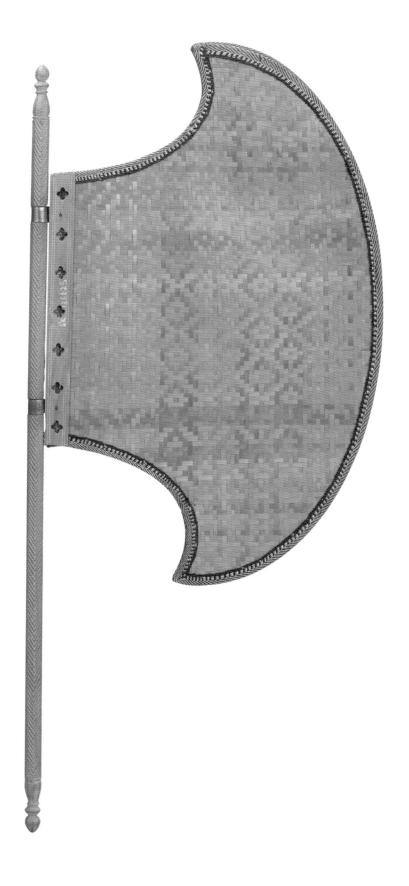

蒲席斧式木柄扇

清（1644～1911年）
通柄长39.8厘米　面径19.4厘米

Axe-shaped Fan with a Cattail Mat-like Face
and Wooden Handle
Qing Dynasty (1644 ~ 1911)
Overall Length with Handle: 39.8 cm　Diameter: 19.4 cm

扇以蒲编成，两幅对折如斧式。扇面编织
细密的菱形纹路，边缘以杂色织物滚边。扇柄
为木制，阴刻锯齿纹为饰。柄身有两铜扣连接
扇面，可带动扇幅旋转送风，轻巧便捷。

此扇形制特殊，制作灵感当来源于春秋战
国时期流行的便面。所谓便面是一种单门状的
偏扇，扇形如厨刀状，以竹篾编织而成。（谢丽）

101

竹丝编石榴花鸟图黑漆柄扇

清咸丰至宣统（1851～1911年）

通柄长42厘米　面径27厘米

Bamboo-strip Woven Fan with Images of
Pomegranates and Birds and Black Lacquered
Handle

Xianfeng to Xuantong emperors' reign (1851 ~ 1911), Qing Dynasty
Overall Length with Handle: 42 cm　Diameter: 27cm

　　扇以极细薄的竹丝编织而成，作石榴花鸟图。
扇边包镶有漆框，下为漆柄。

　　此扇被称为"龚扇"，产自四川自贡，因清
末竹编艺人龚爵五的绝技而得名。清光绪年间
成都举办劝业赛宝会，龚爵五的龚扇获奖，进
而贡入宫廷。（谢丽）

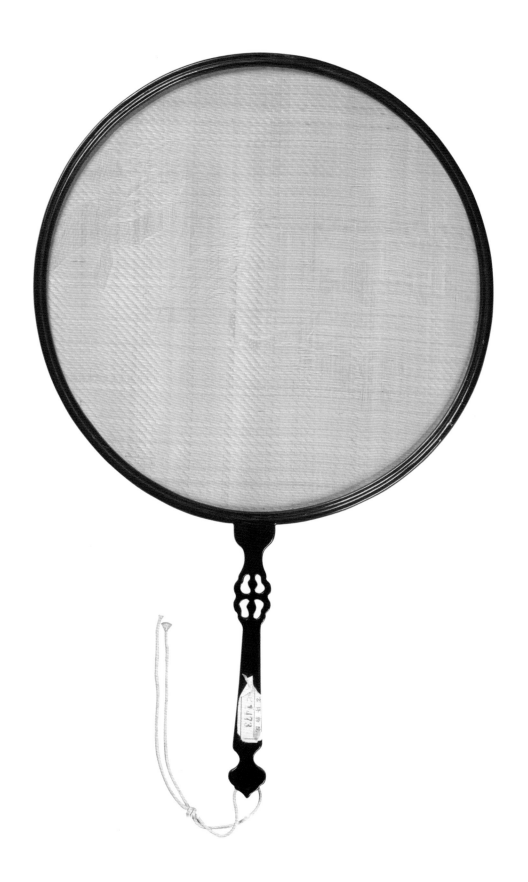

竹丝编寿字黑漆柄扇

清咸丰至宣统(1851～1911年)
通柄长41.5厘米　面径26厘米

Bamboo-strip Woven Fan with 'Longevity' Character and Black Lacquered Handle
Xianfeng to Xuantong emperors' reign (1851～1911), Qing Dynasty
Overall Length with Handle: 41.5 cm　Diameter: 26 cm

　　扇作圆形,黑漆边柄。扇面以竹丝编制而成,扇心以竹丝编16寿字,形成一正方形框,框周饰回纹,均以竹丝编制。扇柄为黑漆柄,缀黄色绦。

　　以极细、极薄的竹丝编织而成,以特殊的手法编为不同的图案,根据光影的区别和角度的不同,能看出不同的图案效果。

　　扇盒内有扇二柄,扇盒正面贴黄签,有"寿字竹丝扇二柄,奴才载润跪"字样。(黄英)

**竹编席地嵌伽楠木雕花木
嵌银丝柄扇**
清咸丰至宣统(1851～1911年)
通柄长40.5厘米　面径26.5厘米

Bamboo Woven Fan with Aloeswood Inlay on
a Mat-like Ground and Carved Handle with
Silver-filigree Inlay
Xianfeng to Xuantong emperors' reign (1851 ~ 1911), Qing Dynasty
Overall Length with Handle: 40.5 cm　Diameter: 26.5 cm

　　扇圆形。扇面以竹丝编织"卍"字不断头纹
锦地,一面嵌伽楠木竹枝双鹤图,挺拔的竹枝
旁两只仙鹤一俯身、一昂首立于灵石之上,生
动自然。另一面书"益寿","光绪辛丑秋月许炳
榛华拓"。扇配有木嵌银丝古钱纹护托及寿字
扇柄。

　　早自春秋、战国墓葬中已有竹编扇子出土。
据文献记载汉代的竹扇已经异常精美。(谢丽)

104

竹编席地嵌伽楠木花鸟图象牙柄扇
清(1644～1911年)
通柄长38.4厘米　面径27厘米

Bamboo Woven Fan with Inlaid Aloeswood
Flowers and Birds on a Mat-like Ground and
Ivory Handle
Qing Dynasty (1644 ~ 1911)
Overall Length with Handle: 38.4 cm　Diameter: 27 cm

　　扇面圆形，以竹丝编为"卍"字不断头纹锦地，上以伽楠木雕刻拼贴出图案，正面为折枝荔枝雀鸟，背面为竹枝白鹤，既有吉祥寓意，又不失画面感。扇方象牙柄，正面以镂雕象牙花鸟纹方形饰板一块为护托。竹丝、伽楠木、象牙的组合，在色泽、质感等方面均形成了独特的对比，加上锦边、丝穗的衬托，使此扇获得了不同寻常的装饰效果。(刘岳)

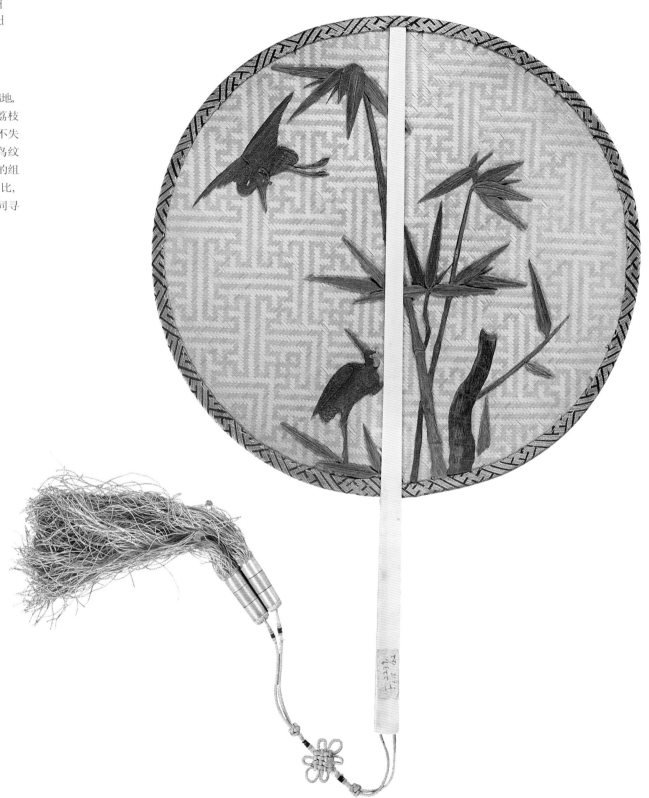

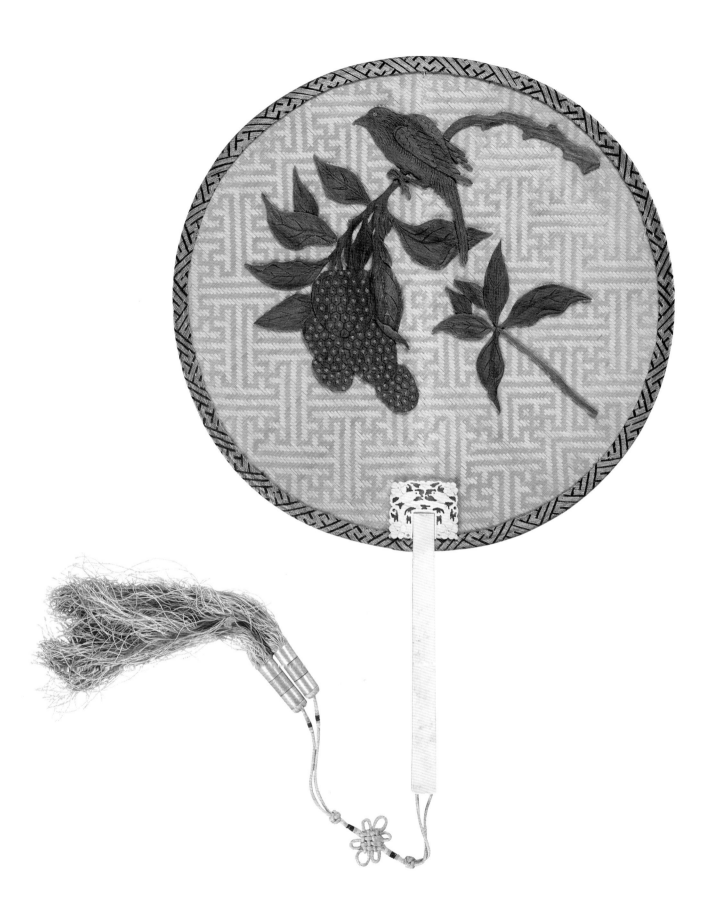

105

细藤编织竹柄扇

清(1644～1911年)
通柄长40.2厘米　面径25.6厘米

Thin Vine Woven Fan with Bamboo Handle
Qing Dynasty (1644 ~ 1911)
Overall Length with Handle: 40.2 cm Diameter: 25.6 cm

　　扇呈潮州式，上部微卷。扇面以细藤经纬
错叠编织花卉纹，细密平展，毫无缝隙，正反两
面纹饰相同。扇柄为竹烫花柄。

　　由于使用了两种截然不同的颜色进行编
织，因此使得花纹格外清晰。（谢丽）

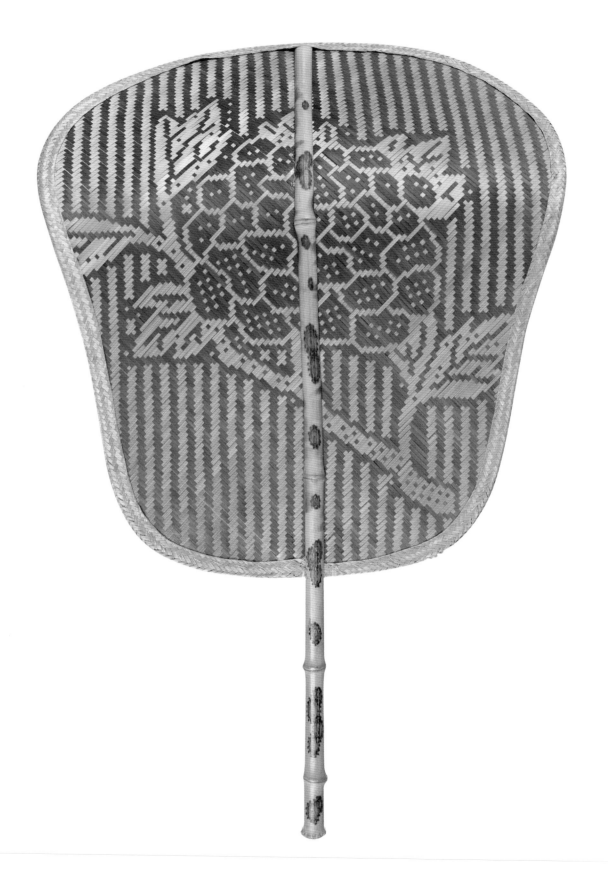

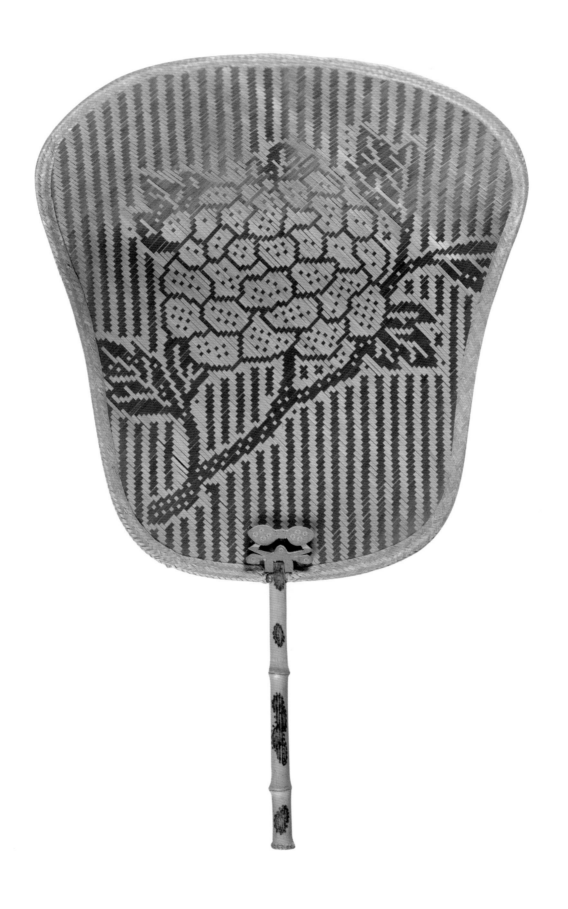

106

细藤编织塑料柄扇
清（1644～1911年）
通柄长33厘米　面径15.5厘米

Thin Vine Woven Fan with Synthetic Handle
Qing Dynasty (1644 ~ 1911)
Overall Length with Handle: 33 cm　Diameter: 15.5 cm

　　扇以细藤编织。扇面由4个圆形及4个内凹八方形相间有规律地编织而成。制作时，由扇心开始编织，逐渐向外铺扎，行与行之间以细藤为钉线相互间隔，有点像织绣中的平金技法。扇柄为化学柄。

　　此扇镂空，并不适宜扇风祛暑，无实用价值。（谢丽）

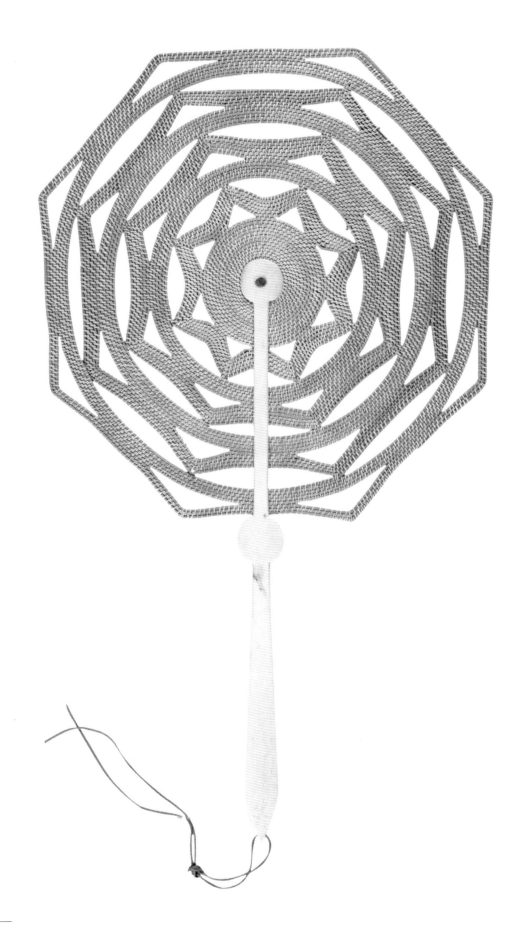

细藤编织玳瑁柄扇

清(1644～1911年)
通柄长33厘米　面径22.8厘米

Thin Vine Woven Fan with Tortoise Shell
Handle
Qing Dynasty (1644 ~ 1911)
Overall Length with Handle: 33 cm Diameter: 22.8 cm

　　扇面呈桃形，以细藤编织而成。虽未编出
纹饰，但经纬走向明显，予人某种动感，又似花
苞般聚拢，视觉效果颇佳。配玛瑙护托，柄亦包
镶玛瑙，柄尾象牙制。(刘岳)

编草平金嵌玻璃珠花黑漆雕花柄扇

清(1644～1911年)

通柄长39.3厘米　面径26厘米

Grass Woven Fan with Embroidered Gold, Glass-beads and Carved Black Lacquered Handle

Qing Dynasty (1644 ~ 1911)

Overall Length with Handle: 39.3 cm　Diameter: 26 cm

　　扇圆形。一面密编麦秆，中心贴一圆，钉玻璃珠花作花蝶图。另一面中心绣平金花卉，周围饰以"卍"字、方胜、盘肠。扇面包锦边，嵌珐琅蝙蝠纹护托及黑漆雕花柄，系黄、粉两色丝穗。

　　平金，用金线在绣面上盘出图案的一种针法。其绣法是用金线、丝线两种线沿纹样外缘逐步向内铺扎而成，金线为铺线，丝线为钉线，行与行之间钉线相互间隔，形成桂花形，直到绣满纹样为止。此种针法在明清时期为京绣、苏绣所常用。(谢丽)

**编草绘楼阁心暗花纱蝠桃图
黑漆嵌螺钿柄扇**

清（1644～1911年）

通柄长38厘米　面径24.2厘米

Grass Woven Fan with Painted Tower in the
Center, Veiled Designs of Bats and Peaches
on Gauze, and Black Lacquered Handle with
Mother-of-pearl Inlay

Qing Dynasty (1644 ~ 1911)

Overall Length with Handle: 38 cm Diameter: 24.2 cm

扇圆形。一面以麦秆编成扁带，中心贴一
圆，绘楼阁图。另一面为浅黄色暗花纱蝠桃图，
纱面织三颗硕大的桃实，中为"卍"字，右侧为
万寿印文，天空中一只蝙蝠飞向寿桃。此纹饰
寓意万福万寿。

扇面包黑色锦边，以玳瑁薄片对折作护
托，扇柄为黑漆嵌螺钿柄，系黄色丝绳。（谢丽）

编草绘楼阁心兰蝶图
黑漆嵌螺钿柄扇
清（1644～1911年）
通柄长38.9厘米　面径25.8厘米

Grass Woven Fan with Painted Tower Design
in the Center, Orchids and Butterfly, and Black
Lacquered Handle Inlaid with Mother-of-pearl
Qing Dynasty (1644 ~ 1911)
Overall Length with Handle: 38.9 cm Diameter: 25.8 cm

　　扇面圆形。一面本色绢地绘丛兰、蝴蝶、湖
石、灵芝，饶有画意。另一面草编菱格为地，中
贴裱洒金纸绘山水楼阁。其外贴裱不同色彩、
花纹之织物环带，作同心圆状排列，装饰性很
强。此扇将不同工艺结合于一身，效果别致，保
存完好，是一件值得重视的作品。（刘岳）

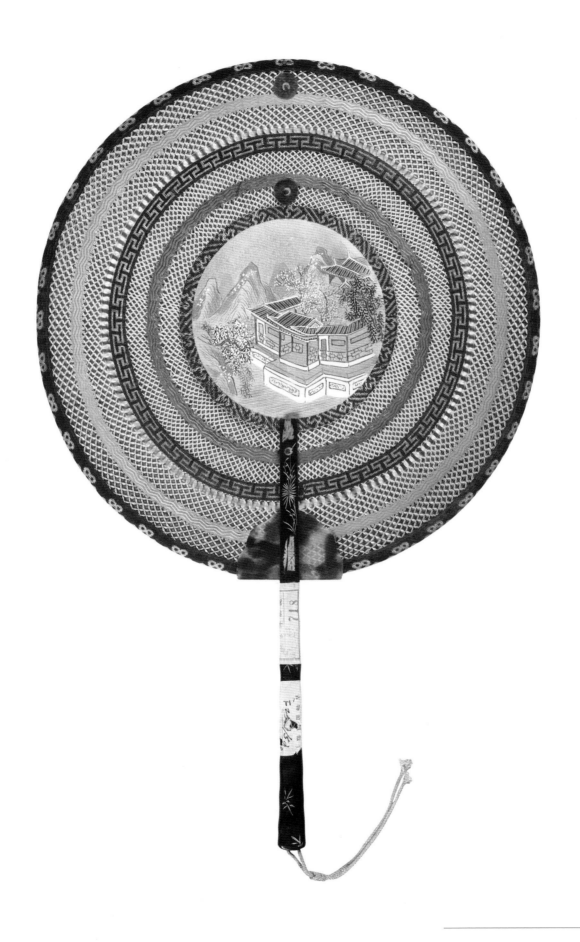

象牙编织嵌象牙染雕兰菊图
画珐琅柄扇

清雍正至嘉庆(1723～1820年)
通柄长49.5厘米　面径29.9厘米

Ivory Woven Fan with Dyed Ivory-inlaid
Orchids and Chrysanthemums and Painted
Enamel Handle

Yongzheng to Jiaqing emperors' reign (1723 ~ 1820), Qing Dynasty
Overall Length with Handle: 49.5 cm　Diameter: 29.9 cm

　　扇呈椭圆海棠式。扇面以象牙剖丝后编织
成蒲纹锦地,其上镶有各色染牙兰花、秋菊及
蜻蜓。扇边包镶玳瑁框,扇面中心嵌棕竹柄梁,
镶有铜镀金点翠錾蝙蝠纹护顶,柄梁的上、中、
下部各嵌有雕花蜜蜡及螺钿护托。扇柄为藕荷
色画珐琅花蝶纹扇柄,系明黄色丝穗。此扇纹
饰精致细密,色彩绚丽,雍容华贵而又纤巧不
俗,制作极精。

　　这种象牙编织扇的制作程序非常复杂,先
要将象牙浸泡药水使其软化,然后劈成宽不足
1毫米、薄如细篦的牙丝进行编织。此工艺为广
东工匠所擅长。在象牙席被禁止制作后,象牙
扇就更加精益求精,在"宫中进单"中,经常可
以看到广东官员以此进献宫廷。(谢丽)

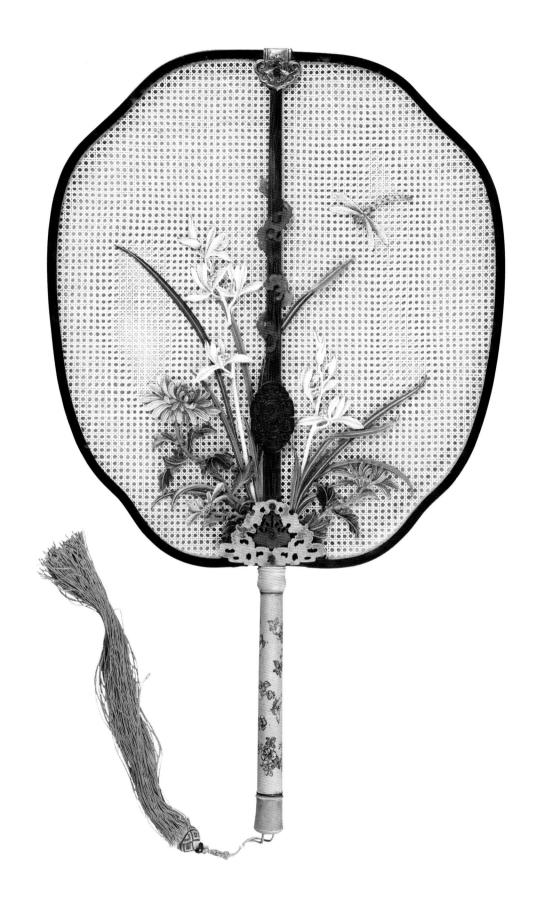

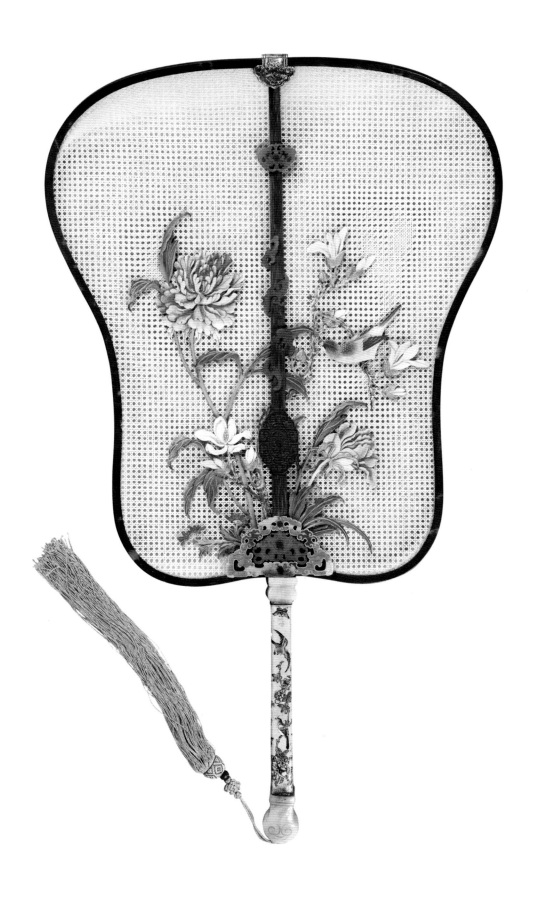

象牙编织嵌象牙染雕花鸟图
画珐琅柄扇

清雍正至嘉庆（1723～1820年）
通柄长57.7厘米　面径34.5厘米

Ivory Woven Fan with Dyed Ivory-inlaid
Flowers and Birds and Painted Enamel Handle
Yongzheng to Jiaqing emperors' reign (1723 ~ 1820), Qing Dynasty
Overall Length with Handle: 57.7 cm　Diameter: 34.5 cm

　　扇呈芭蕉式，上部微卷。扇面以牙丝编织
蒲纹锦地，其上镶有各色染牙玉兰、芍药、翠鸟
等，牙丝细腻润泽，色彩清新雅致。扇面中心嵌
棕竹柄梁，镶有铜镀金点翠錾蝙蝠纹护顶，柄
梁的上、中、下部各嵌有雕花蜜蜡及螺钿护托。
扇边包镶玳瑁框，配淡绿色画珐琅花鸟图扇
柄，系黄色丝穗。（谢丽）

象牙编织嵌象牙染雕花鸟图
画珐琅柄扇

清雍正至嘉庆(1723～1820年)
通柄长49.8厘米　面径29.4厘米

Ivory Woven Fan with Dyed Ivory-inlaid
Designs of Flowers and Birds and Painted
Enamel Handle
Yongzheng to Jiaqing emperors' reign (1723 ~ 1820), Qing Dynasty
Overall Length with Handle: 49.8 cm　Diameter: 29.4 cm

　　扇作圆形, 略似海棠式, 镶玳瑁边。扇面为象牙编织八方团花锦纹地, 以薄如细篦的牙丝编织而成。其上嵌染牙月季花、翠鸟等纹饰, 以牙丝细腻润泽的质感, 凸显出画面主题的清新雅致。扇柱为棕竹质, 柱上镶螺钿, 上下两端均镶有铜镀金饰件。扇柄圆柱形, 有紫地彩绘折枝花卉纹画珐琅握手。扇柄两端嵌染牙珠, 末端缀黄丝穗。此扇画面、章法、笔意都很好, 当系名画家画稿, 色调艳丽, 做工甚精。(黄英)

114

象牙编织嵌象牙染雕花鸟图画珐琅柄扇
清雍正至嘉庆（1723～1820年）
通柄长57.5厘米　面径33.6厘米

Ivory Woven Fan with Dyed Ivory-inlaid
Designs of Flowers and Birds and Painted
Enamel Handle
Yongzheng to Jiaqing emperors' reign (1723 ~ 1820), Qing Dynasty
Overall Length with Handle: 57.5 cm　Diameter: 33.6 cm

　　扇作芭蕉式，上部微卷，镶玳瑁边。扇面为象牙编织八方锦纹地，以薄如细篦的牙丝编织而成，牙丝宽不足1毫米。扇面自柄托向上嵌各色染牙玉兰、芍药花，玉兰树上并栖一蓝甸鸟。扇柱为棕竹质，镶有蜜蜡、螺钿等饰物，顶端镶有铜镀金点翠錾蝙蝠纹饰件。扇柄圆柱形，有绿地彩绘花蝶纹画珐琅握手，握手上下各嵌浅粉色碧玺一段。扇柄两端嵌骨珠，末端缀黄丝穗。此扇面纹饰精致，孔缝均匀，经纬拼合细密，色彩绚丽，雍容华贵。

　　这种象牙丝编织及嵌色工艺，广州工匠最为擅长，清代宫廷中的类似器物多为广东进贡。（黄英）

象牙编织嵌象牙染雕松竹梅图
画珐琅柄扇

清雍正至嘉庆（1723～1820年）
通柄长54.6厘米　面径34.5厘米

Ivory Woven Fan with Dyed Ivory-inlaid
Designs of Pines, Bamboos and Plum Blossoms,
and Painted Enamel Handle

Yongzheng to Jiaqing emperors' reign (1723 ~ 1820), Qing Dynasty
Overall Length with Handle: 54.6 cm Diameter: 34.5 cm

　　扇作芭蕉式，宽首束腰，镶玳瑁边。扇面
为象牙编织八方团花锦纹地，以薄如细篾的牙
丝编织而成。其上嵌染牙松树、凌霄花、梅花、
竹枝、灵芝等纹饰。扇柱为棕竹质，镶有螺钿等
饰件，上下两端均镶有铜镀金饰件。扇配棕竹
方柄，有黄地彩绘折枝花卉纹画珐琅握手，并
镶石，柄端缀黄丝穗，穗并有蓝石珠一粒。此扇
布局合理，色彩丰富，做工极精，纤巧而不俗。
（黄英）

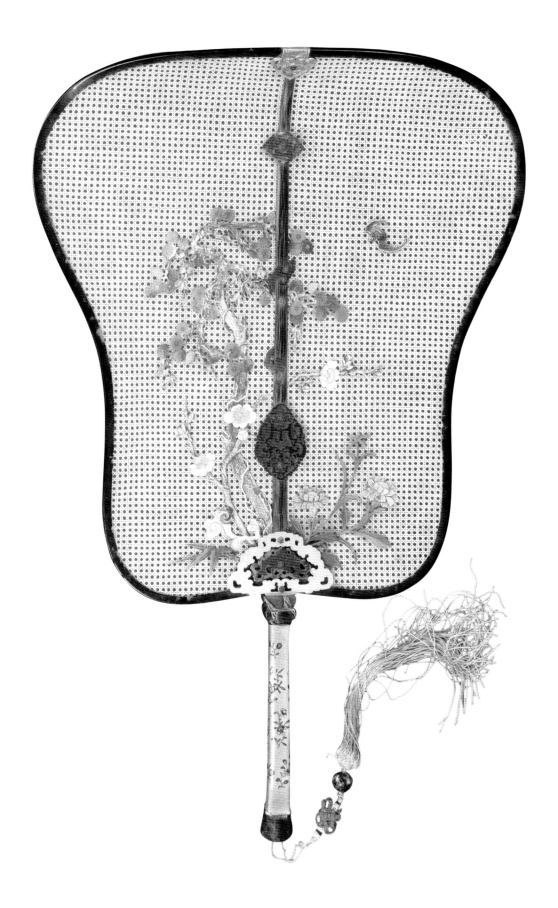

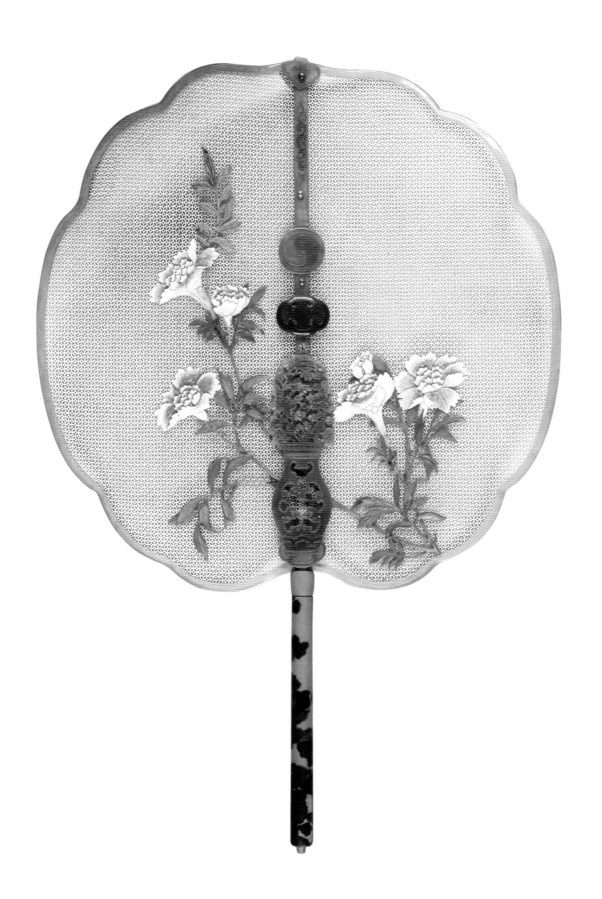

116

象牙雕锦地纹嵌象牙染雕石榴花图玳瑁柄扇

清雍正至嘉庆（1723～1820年）
通柄长48.4厘米　面径32.5厘米

Fan with Dyed Ivory-inlaid Pomegranate
Blossoms on Carved Ivory Brocade-like Face
and Tortoise Shell Handle

Yongzheng to Jiaqing emperors' reign (1723 ~ 1820), Qing Dynasty
Overall Length with Handle: 48.4 cm　Diameter: 32.5 cm

　　扇呈葵瓣式，微变形。扇面以象牙镂雕古
钱纹锦地，其上镶有染牙石榴花一簇。扇正面
中心嵌蜜蜡柄梁，镶有如意云纹蜜蜡护顶，柄
梁的上、中、下部各嵌有雕花蜜蜡。扇边包镶有
牛角框，下为玳瑁扇柄，下端的绿色染牙及丝
穗脱缺。扇背面中心为玳瑁柄梁。此扇构图严
谨，色调淡雅，精工无比。

　　清代象牙工艺十分发达，制作工艺分雕刻、
编织两大类。象牙扇最常见的工艺方法是以牙
丝编织，除此还有少量采用雕刻的技法。制作
时要将象牙镟削成轻薄的牙片，之后使用钻孔
梭锯进行细致镂镂。（谢丽）

雕翎镂雕象牙柄羽扇

清（1644～1911年）

通柄长49.4厘米　面径17厘米

Carved Feather Fan with Openwork Ivory
Handle

Qing Dynasty (1644 ~ 1911)

Overall Length with Handle: 49.4 cm Diameter: 17 cm

　　扇以12支灰白色的雕翎制成，柄梁居中，两边用羽对称。扇柄为镂雕象牙柄。

　　羽毛扇是中国最古老的扇种，楚墓中多有出土。原始的羽扇相传是"截翼为扇"，即直接以飞禽的羽翅为扇。后来采用孔雀、鹤、雕、鹰、鹅等禽类羽毛编排羽管制作羽扇。（谢丽）

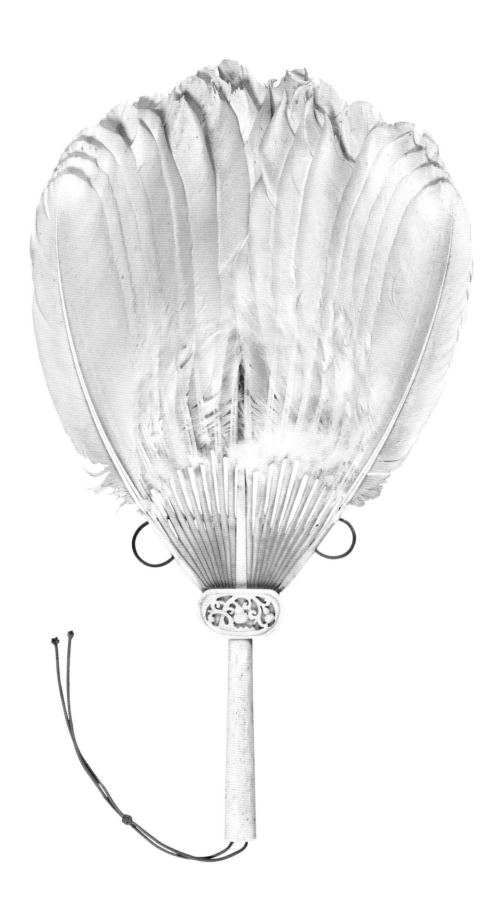

白翎骨柄羽扇
清(1644～1911年)
通柄长42厘米　面径23厘米

White Feather Fan with Bone Handle
Qing Dynasty (1644 ~ 1911)
Overall Length with Handle: 42 cm　Diameter: 23 cm

扇面以白色鸟翅翎羽相叠排展而成，微微内凹近弧，分出正背，更利使用。翎管插入骨制护托槽内，护托雕刻剔地葫芦纹饰。骨柄亦贯穿护托，伸入扇面至三分之一处，愈向尖端愈细，与翎管之色泽、粗细均甚和谐。又用横向铜条穿过翎管与骨柄，起到固定作用，两端弯折，还有一定装饰效果。

此扇保存完好，工艺颇为典型，是同类品中较有代表性的一件。（刘岳）

黑色羽毛扇

清（1644～1911年）
通柄长43厘米 面径44厘米

Black Feather Fan
Qing Dynasty (1644 ~ 1911)
Overall Length with Handle: 43 cm Diameter: 44 cm

扇作桃形，以灰色鸟翅翎羽相叠排展而成，扇面微微内凹近弧形，分出正背面，以便使用。正面扇心有刺绣护托包裹羽根，上绣莲荷水鸟，边缀饰一周铜圆片，表面镀层光洁明亮。圆片下压孔雀尾羽，五色斑斓，空隙间露出氄氄绒毛，极富美感。扇面上缀三只红绒球，一大二小，间距有疏有密，别具匠心。扇背正中贯通骨制扇脊。扇柄木制，分三部分装饰，其上用蓝、红丝线缠结，中段用麦秸裹编，并以黑线束出几何图形，末端镶骨制尾。尾嵌铜钮，系绦穗，连刺绣荷包，一面绣红地桃蝠纹，一面绣白地山水，敷色鲜丽，形象稚拙，绣工缜密。
（黄英）

白色羽毛扇

清(1644～1911年)

通柄长40厘米　面径39厘米

White Feather Fan

Qing Dynasty (1644 ~ 1911)

Overall Length with Handle: 40 cm　Diameter: 39 cm

扇作桃形，以白色鸟翅翎羽相叠排展而成。
扇面中部以孔雀尾羽包裹羽根，上压莲荷纹刺
绣护托，扇正面缀10只红绒球，一大九小，五彩
斑斓，明媚可人。

扇柄分三部分装饰，其上用丝线缠结，中
间用麦秸裹编，并以黑线束出几何图形，末端
镶骨，系粉红色丝穗，上连刺绣荷包，绣山水
图，色彩艳丽。（谢丽）

121

锦边象牙柄芭蕉扇
光绪二十七年(1901年)
通柄长39.8厘米　面径30厘米

Palm-leaf Fan with Brocade Rim and Ivory
Handle
The 27th year of Guangxu Emperor's reign (1901)
Overall Length with Handle: 39.8 cm　Diameter: 30 cm

扇以蒲葵叶制成,扇边镶杂色锦边,以玳
瑁薄片对折作护托,配象牙雕竹节纹柄,系橘
黄色丝绳。

此扇配有原包装纸套,上印有"上海九
华堂恭制,贡扇,光绪辛丑春日吴筠孙书"。
(谢丽)

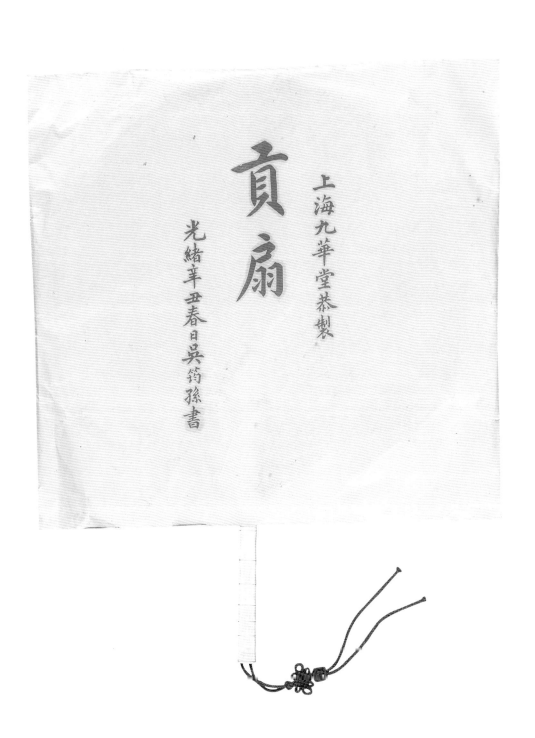

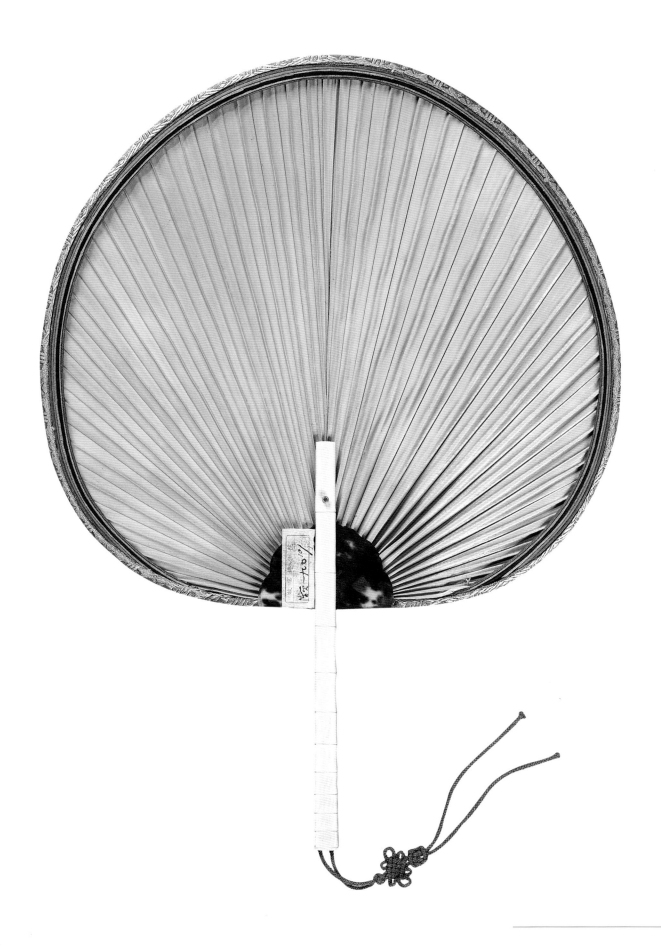

122

玳瑁柄雕象牙柱芭蕉扇
清（1644～1911年）
通柄长47.9厘米　面径36.2厘米

Palm-leaf Fan with Tortoise Shell Handle and
Carved Ivory Slat
Qing Dynasty (1644 ~ 1911)
Overall Length with Handle: 47.9 cm　Diameter: 36.2 cm

　　扇以蒲葵叶制成，扇面中心嵌象牙柄梁，顶
端镶有蜜蜡护顶，柄梁的上、中、下部各嵌有雕
花象牙及象牙护托，扇柄为玳瑁柄，系黄丝穗。

　　芭蕉扇，又称为葵扇、蒲扇、蒲葵扇、棕
扇等，是一种用蒲葵叶制成的扇子。芭蕉扇历
史悠久，东晋时已相当普遍。多产于广东、福建
等地，以广东新会所产最为著名。（谢丽）

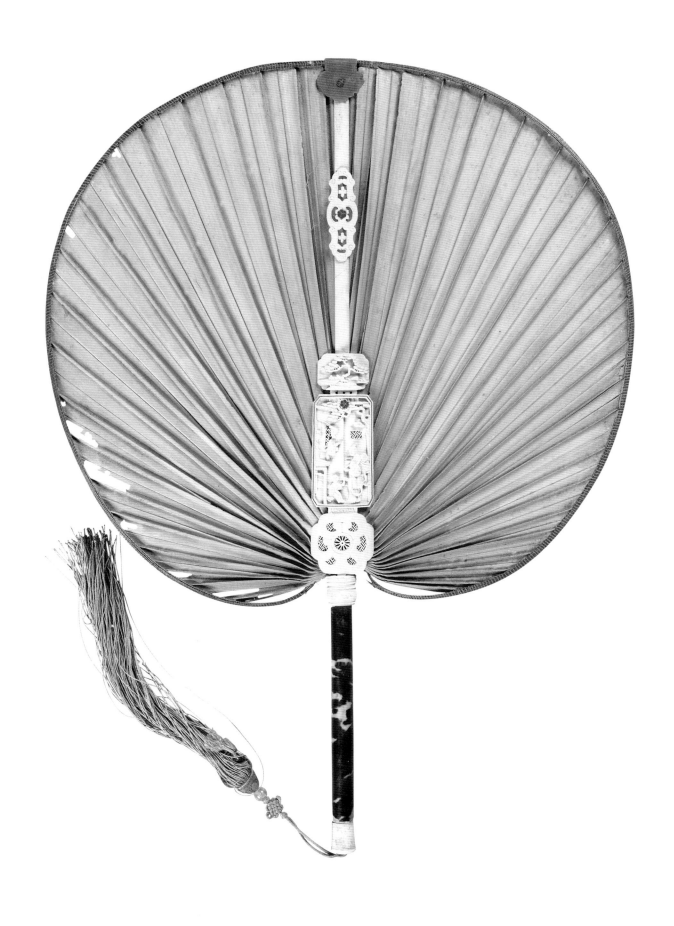

123

纸胎点翠雕象牙柄扇
清雍正至嘉庆（1723～1820年）
通柄长49.7厘米　面径31.5厘米

Fan with Kingfisher Feather Sticked on Papier-
mâché Base and Carved Ivory Handle
Yongzheng to Jiaqing emperors' reign (1723~1820), Qing Dynasty
Overall Length with Handle: 49.7 cm　Diameter: 31.5cm

扇作桃形，以纸为胎，纸上用三层点翠羽相叠排展而成，扇面微微内凹近弧形，分出正面与背面，便于使用。正面扇心有大小两个圆心，边饰双铜圈，内以点翠羽贴祥云图案。扇柄分为三段，上、下段为木制，有绿地红色纹饰图案，中段配镂空象牙，饰绿色花卉纹样。扇柄尾端缀黄色绦穗。

点翠工艺是中国传统的金银首饰制作工艺。它是以金或镏金的金属制作出不同图案、造型的底座，再将色彩瑰丽的翠鸟之羽镶嵌在座上，制作成色泽绚丽的首饰器物。用点翠工艺制作出来的器物，光泽感好，色彩艳丽，而且永不褪色。点翠工艺是中国传统金属工艺和羽毛工艺的完美结合，在清代乾隆时期达到顶峰，应用范围已不仅限于金属，木、漆等材料上均有发现。

（黄英）

匠心巧思

The Craftsman's Genius

竹雕山水人物图股
清雍正至嘉庆（1723～1820年）
长35厘米

Bamboo Frame Carved with Landscape and
Figures
Yongzheng to Jiaqing emperors' reign (1723 ~ 1820), Qing Dynasty
Length: 35 cm

　　扇股竹制，共十三档，大股以留青法刻山水人物，意境开阔，饶有画意。青筠去取、厚薄悉如人意，技巧纯熟，多纵向纹路，颇具特点。聚头处呈球形，俗称"和尚头"式，钉头为角制，两侧各镶团寿纹玉片一。

　　扇面一面为佚名所绘青绿设色避暑山庄三十六景图之一，题为"云帆月舫"，另一面为王际华书康熙以"云帆月舫"为题所作御制诗及乾隆和诗。

　　王际华（1717～1776年），浙江钱塘人，乾隆十年（1745年）进士，历任工、刑、兵、户、吏诸部，官至礼部尚书、户部尚书等职。（刘岳）

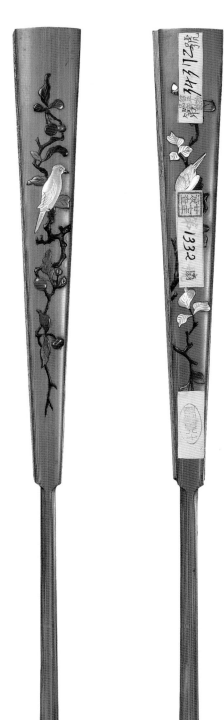

百宝嵌花鸟图竹股

清雍正至嘉庆(1723~1820年)
长35厘米

***

Bamboo Frame with Flowers and Birds Inlaid
with Gemstones
Yongzheng to Jiaqing emperors' reign (1723 ~ 1820), Qing Dynasty
Length: 35 cm

扇骨竹制,共十三档,大股以螺钿、玉石镶嵌花鸟纹饰,色泽明丽脱俗,聚头部分为"和尚头"式,两侧镶玛瑙片,精工细作。

扇面一面为佚名所绘青绿设色避暑山庄三十六景图之一,题为"水芳岩秀",另一面为王际华书康熙以"水芳岩秀"为题所作御制诗及乾隆和诗。(刘岳)

紫漆描金山水图股
清雍正至嘉庆(1723～1820年)
长35厘米

Purple Lacquered Frame with Landscape in
Gold Tracery
Yongzheng to Jiaqing emperors' reign (1723 ~ 1820), Qing Dynasty
Length: 35 cm

　　扇股木制, 紫漆, 十二档。大股上宽下窄,
上部采用描金工艺描绘山水图景, 画面虽小,
却近、中、远三景俱全, 近、中景描绘岸边垂
柳、山石松树、亭台楼阁, 远景则是缥缈群山,
恰与扇面的诗情画意相呼应。聚头两侧加玉石
垫片, 形制颇佳。

　　扇面一面为佚名所绘青绿设色避暑山庄
三十六景图之一, 题为"万壑松风", 另一面为
王际华书康熙以"万壑松风"为题所作御制诗及
乾隆和诗。(王蔼)

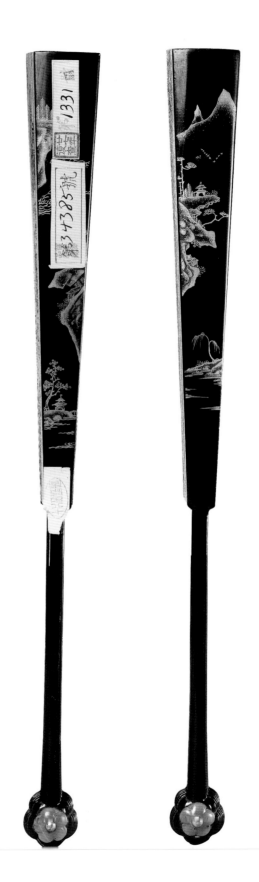

黑漆嵌螺钿股

清雍正至嘉庆(1723～1820年)
长35厘米

Black Lacquered Frame Inlaid with Mother-of-pearl

Yongzheng to Jiaqing emperors' reign (1723 ~ 1820), Qing Dynasty
Length: 35 cm

扇股木制，黑漆，十二档。大股上宽下窄，上部采用嵌螺钿工艺描绘山水图景，画面近、中、远三景俱全，在窄小的空间内，用螺钿呈现出的山水图画不仅有气势，且细节描绘入微，可见工艺之精绝。聚头处以扇钉为轴心呈球状，俗称"和尚头"式，两侧各加一片玉石，颇觉雅致。

嵌螺钿属于我国传统漆工艺的一种形式，指用螺蚌片嵌于漆胎之上，再填漆磨平的工艺。我国早在商周时期，就有用蚌壳镶嵌成文的漆器，填嵌磨显、文质齐平的螺钿漆器则成熟于唐代，发展到明清两代时达到高峰，工精艺绝、精品丛生，由此扇股可见一斑。

扇面一面为佚名所绘青绿设色避暑山庄三十六景图之一，题为"无暑清凉"，另一面为王际华书康熙以"无暑清凉"为题所作御制诗及乾隆和诗。(王涛)

剔红山水楼阁图股

清雍正至嘉庆(1723～1820年)

长35厘米

Red Lacquered Frame Carved with Landscape
and Buildings

Yongzheng to Jiaqing emperors' reign (1723 ~ 1820), Qing Dynasty

Length: 35 cm

　　扇股木制，红漆，十二档，聚头为"和尚头"
式。大股上宽下窄，上部用雕漆工艺雕刻人物
故事图景。扇股雕刻精细、打磨圆润、意趣高
雅，是一件精美的皇家玩赏之物。

　　雕漆包括剔红、剔黄、剔黑等，指在胎体上
髹漆至一定厚度之后，在漆层上剔刻纹饰的工
艺，剔红即是在红漆上剔刻。雕漆工艺据文献
记载，应诞生于唐代，但至今未见实物，发展的
高峰是在元、明、清三代，每个时代都有不同的
特点，精彩纷呈。由于原料采集、漆层髹涂、剔
刻加工、后期打磨等工序极其耗费人工物力，
雕漆制品历来只为皇家和富豪权贵阶层所拥
有，民间则少有精品。

　　扇面一面为佚名所绘青绿设色避暑山庄
三十六景图之一，题为"天宇咸畅"，另一面为
王际华书康熙以"天宇咸畅"为题所作御制诗及
乾隆和诗。(王漙)

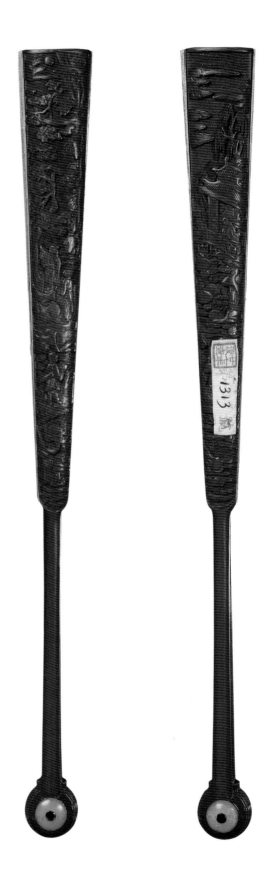

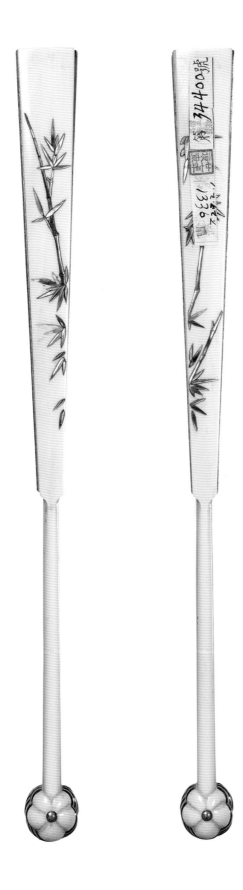

象牙镶嵌竹枝纹股

清雍正至嘉庆（1723～1820年）
长35厘米

Frame Inlaid with Ivory Bamboo Pattern
Yongzheng to Jiaqing emperors' reign (1723 ~ 1820), Qing Dynasty
Length: 35 cm

　　扇骨象牙制，共十四档，大股以螺钿镶嵌竹枝纹，色调素雅。随角度变化纹饰的色泽、光晕亦有变化，展现出材质之美。聚头部分为五瓣花形，妙在相间一股镶角制花边，遂形成黑白交叠的效果，极具匠心。铜钉之金属色搭配亦颇为合理。

　　扇面一面为佚名所绘青绿设色避暑山庄三十六景图之一，为"烟波致爽"，另一面为王际华书康熙以"烟波致爽"为题所作御制诗及乾隆和诗。（刘岳）

玳瑁股

清雍正至嘉庆(1723~1820年)
长35厘米

Tortoise Shell Frame
Yongzheng to Jiaqing emperors' reign (1723 ~ 1820),Qing Dynasty
Length: 35 cm

此扇股为花头式, 十三档, 玳瑁制。

用以制作此扇股的玳瑁, 是一种有机宝石,
特指玳瑁的背甲。玳瑁是一种大海龟, 其背甲
板平滑光洁, 具有半透明状的褐色与淡黄色相
间的花纹, 纹饰自然天成, 具有独特的神韵和
光彩, 极富装饰效果, 是一种较为珍贵的工艺
材料。玳瑁工艺在中国已有上千年的历史, 司
马迁《史记·春申君列传》中就有"玳瑁簪"的
记载。

清王廷鼎《杖扇新录》曾记载:"(扇)骨用
湘妃、桃丝、乌木、檀香、象牙、玳瑁, 一切珍奇
之品。"说明玳瑁扇股是珍奇之物。通常情况下
玳瑁做扇股一般为二十档以上小型扇的内股,
有的还以极薄的玳瑁做贴片, 并以此显示珍
贵。而此件扇股为十三档式的文人用扇, 其内
股和边股均用厚实的玳瑁制成, 并使用花头式
造型, 花头做象牙贴片, 做工考究, 雍容华贵,
显示了皇家的独特气质。

扇面一面为佚名所绘青绿设色避暑山庄
三十六景图之一, 为"云山胜地", 另一面为王
际华书康熙以"云山胜地"为题所作御制诗及乾
隆和诗。(黄英)

乌木嵌银丝股
清雍正至嘉庆（1723～1820年）
长25厘米

Ebony Frame Inlaid with Silver Filigree
Yongzheng to Jiaqing emperors' reign (1723 ~ 1820), Qing Dynasty
Length: 25 cm

　　扇股乌木制，共十五档，外股上部嵌银丝
"卍"字不断头纹为地，上嵌铜丝团寿及团蝠纹
各二，由上至下相间排列，且随着扇股宽度收
缩而顺次缩小，图案性很强。聚头部分为"和尚
头"式样，扇钉隐藏得当，浑然一体。

　　扇面一面洒金地金士松楷书乾隆御制文《读
韩子》，另一面素面。

　　金士松（1730～1800年），字亭立，号听涛，
原籍江苏吴江，寄籍宛平（今属北京）。乾隆
二十五年（1760年）进士，历任侍读、广东学
政、顺天学政、礼部侍郎等职，官至兵部尚书。
（刘岳）

竹透雕夔龙纹股
清雍正至嘉庆(1723~1820年)
长35厘米

Bamboo Frame with Openwork *Kui*-Dragon
Yongzheng to Jiaqing emperors' reign (1723~1820), Qing Dynasty
Length: 35 cm

扇股竹制，共十三档，外股上部镂雕变体夔纹，既富规律又不失灵动，工艺极精。聚头部分呈球形"和尚头"式，两侧扇钉钉头为角制，垫片玛瑙制，形制颇佳。

扇一面为戴衢亨所绘山水，署"臣戴衢亨恭画"及"臣""衢亨"印；另一面为嘉庆楷书《乐游园歌》，署"孟夏月斋宫御笔"及"以指代笔"印。(刘岳)

竹雕人物图股

清雍正至嘉庆（1723～1820年）
长34.4厘米

Bamboo Frame Carved with Figure
Yongzheng to Jiaqing emperors' reign (1723 ~ 1820), Qing Dynasty
Length: 34.4 cm

　　扇股竹制，十三档，大股上部以留青法表现林泉隐逸故事，在狭小范围内将人物景物交代得层次井然，逶迤多姿。聚头部分形制特别，饰俯视凤鸟纹，尾羽随形冉冉上升。扇面一面为戴衢亨绘山水，署"臣戴衢亨恭画"及"臣""衢亨"印；另一面为嘉庆帝楷书杜甫诗二首，署"庚申孟夏月朔日御笔"及"以指代笔"印。庚申为嘉庆五年，即1800年。（刘岳）

竹雕竹节纹股

清（1644～1911年）

长34.7厘米

Bamboo Frame Carved with Bamboo Joint
Pattern

Qing Dynasty (1644 ~ 1911)

Length: 34.7 cm

　　扇股竹制，十一档，外股有规律的横向凸
凹，似竹节起伏，余皆光素，突显材质丝纹之
美。两侧扇钉钉头为五瓣花形，分别戳印"德
华""足金"，应为商铺名及成色标注。（刘岳）

135

竹雕竹节纹股

清（1644～1911年）
长31.5厘米

Bamboo Frame Carved with Bamboo Joint Pattern

Qing Dynasty (1644 ~ 1911)
Length: 31.5 cm

扇股竹制，十六档，外股雕窄条竹节为饰，聚头部分呈球形，扇钉泯然无痕。（刘岳）

竹雕花卉纹股
清（1644～1911年）
长29厘米

Bamboo Frame Carved with Floral Pattern
Qing Dynasty (1644 ~ 1911)
Length: 29 cm

　　扇股竹制，外股下部保留斑竹竹皮，上部以留青法雕刻缠枝莲纹，枝叶蜿蜒，姿态流美，线条细若游丝，却挺劲柔韧，足见功力。尤可注意的是，花纹均在斑痕范围之内，故色泽较深，更为醒目，不同于一般竹雕留青之效果，实有巧做之妙。聚头部分为球形，两侧垫玉片。（刘岳）

竹雕花卉纹股

清(1644～1911年)
长30厘米

Bamboo Frame Carved with Floral Pattern
Qing Dynasty (1644 ~ 1911)
Length: 30 cm

　　扇股竹制，共十八档，外股上部阴刻花卉纹饰，一侧为松竹，一侧为梅竹，刻工流畅，点到即止，清雅不俗。(刘岳)

138

竹雕如意式股
清（1644～1911年）
长29.1厘米

Carved Bamboo *Ruyi* Scepter-shaped Frame
Qing Dynasty (1644 ~ 1911)
Length: 29.1 cm

　　扇股如意式。此扇股内外均为竹股，其中边股做烫花处理，纹理清晰，有类似芝麻竹的装饰效果。边股的造型颇为奇特，为如意式。其头部用阴刻雕云头形如意，有较强的立体感。

　　如意是中国的一种传统器物，因其柄端呈手指形或心字形，可如人意，因而得名。其端常刻松柏、石榴、蝙蝠等吉祥纹饰，取福寿双全、吉祥如意之寓意。竹子具有硬度高，耐磨，柔韧性强，富有弹性，易于雕刻等特性，遂逐渐取代传统的木制扇股，成为制股材质中的主流，清代宫廷中亦常见。（黄英）

竹雕御制诗文股
清(1644～1911年)
长30厘米

Bamboo Frame Carved with an Emperor's
Poem
Qing Dynasty (1644 ~ 1911)
Length: 30 cm

　　扇股竹制，外股阴刻根据"御制诗文"所制
印章及释文，一侧为"大圆归一握"与"释然不
疑"；一侧为"素魄漾虚笼"与"豁然共乐"。聚头
部分略呈球形。扇面为素面。(刘岳)

140

芝麻竹股

清(1644～1911年)
长30.5厘米

Mottled Bamboo Frame
Qing Dynasty (1644 ~ 1911)
Length: 30.5 cm

此折扇以芝麻竹为股,小圆头式。

扇股圆头用象牙做护片,配牛角扇钉。芝麻竹一般多做扇股,因其具有天然花纹,质地细密,纹理均匀,材料稀有,大都不雕刻,直接制作为素竹股,深得文人雅士的喜爱。有时为了追求这种效果,扇工还在普通竹股上采用烫花工艺模仿出芝麻竹的花纹。芝麻竹股经摩掌把玩,会形成一种深褐色的包浆,显得古朴雅致。

此种圆头式扇股在明清时期较为常见,一般分为大圆头式和小圆头式,也被形象地称为"和尚头"。(黄英)

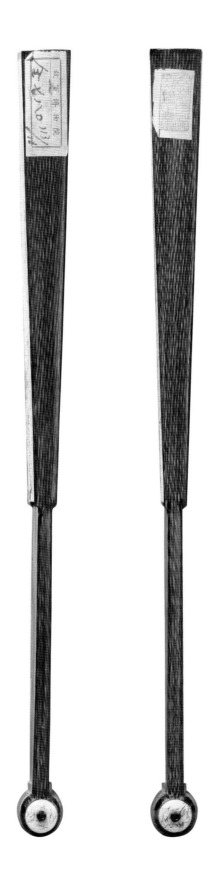

棕竹股
清(1644～1911年)
长32厘米

Lady Palm Frame
Qing Dynasty (1644 ~ 1911)
Length: 32 cm

　　此折扇以棕竹为股,造型为较为少见的琴头式。扇股用象牙做护片,配牛角扇钉。

　　棕竹,也叫棕榈竹,常绿丛生灌木。棕竹色深,皮与肉中都带有明显的深黄色条纹。因其干细而坚韧,纹理清晰,且材料不算名贵,因而是古时常用的制作扇股的材料。棕竹扇股多为素股,简单素雅。据明沈德符撰《万历野获编》载:在明代,"吴中折扇,凡紫檀、象牙、乌木俱目为俗制,惟棕竹、毛竹为之者,称怀袖雅物"。

　　棕竹常用于十八档以上的扇股。三十档、四十档的黑纸扇几乎都用棕竹。棕竹较细,难寻大骨之材。(黄英)

鸂鶒木股

清(1644～1911年)

长32.1厘米

Chicken-wing Wood Frame

Qing Dynasty (1644 ~ 1911)

Length: 32.1 cm

此扇以鸂鶒木为股,方头式,扇股造型简洁,光素无纹。

鸂鶒木,也叫"鸡翅木"。其肌理细密,天然纹理深浅交错,状似鸟羽,是扇股中较为常见的优质材料。鸂鶒木常用作十六档至二十档书画扇扇股。

此扇股把较为清晰的纹理放在边股上部的宽阔处,选材上颇为考究。采用方头式造型,易于根据扇面的尺寸控制扇股的长短。

(黄英)

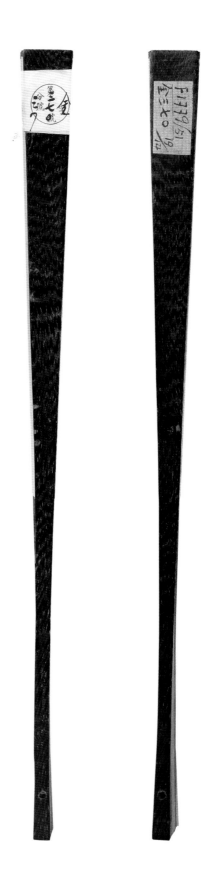

乌木雕寿字股
清（1644～1911年）
长29厘米

Ebony Frame Carved with 'Longevity'
Character
Qing Dynasty (1644 ~ 1911)
Length: 29 cm

　　扇股乌木制，共十七档，内股扁细，外股上部较宽，浅浮雕变体寿字，作适合纹样式布排，工谨细致。聚头部分近球形，为俗称之"和尚头"式样，两侧加扇钉处镶两片螺钿，制作精美。
　　扇面一面为泥金地彩绘蝴蝶牡丹图，另一面粉地洒金。扇面与扇股乌金相映，装饰效果颇佳。（刘岳）

象牙雕花股

清(1644～1911年)

长29厘米

Carved Ivory Frame

Qing Dynasty (1644 ~ 1911)

Length: 29 cm

扇股象牙制，共二十二档。外股上部浮雕山水人物，下部浮雕花卉，纹饰满密，不留隙地，层次丰富，锋棱毕露，具有典型的广东牙雕特点。内股轻薄片状，镂空几何纹饰，所用技法亦为广东牙雕独特的卓(戳)花工艺。展开后股股相联，局部图案还可拼组成一有机整体，极富地方风格。扇面为泥金素面。(刘岳)

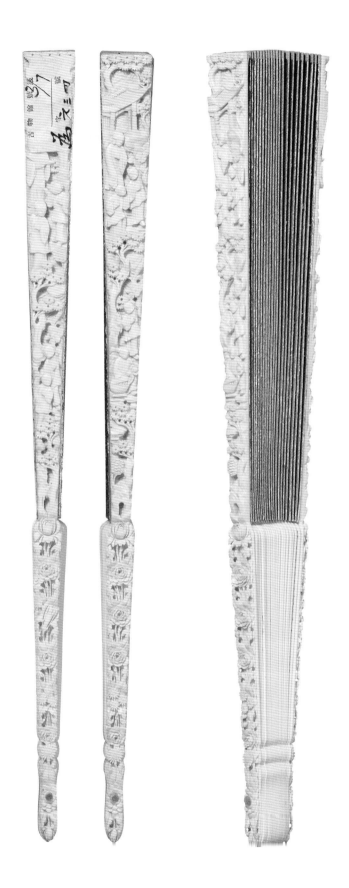

朱漆洒金股
清（1644～1911年）
长31.5厘米

Red Lacquered and Gold-flecked Frame
Qing Dynasty (1644 ~ 1911)
Length: 31.5 cm

　　此扇大股采用朱漆洒金工艺装饰，年代虽已久远，依然尽显光泽莹亮、富丽堂皇。洒金工艺发端于唐代，我国唯一传世的漆器工艺专著《髹饰录》中，对洒金工艺有如下记载："洒金，一名砂金漆，即撒金也，麸片有粗细，擦敷有疏密，罩髹有浓淡……"此扇股的工艺步骤，应是先在扇股上髹红漆，再将金箔捣成碎片，播撒在红漆上，之后罩髹透明漆，最后研磨、推光而成。（王嵩）

146

纸胎绢面缠枝花卉纹扇匣

清顺治至乾隆（1644～1795年）
高4厘米　长40厘米　宽13.5厘米

Fan Case Made of Paper and Covered with Silk
with Designs of Interlocking Flowers
Shunzhi to Qianlong emperors' reign (1644 ~ 1795), Qing Dynasty
Height: 4 cm　Length: 40 cm　Width: 13.5 cm

匣体长方，盖顶中分，对开。外壁贴裱明黄
缠枝花纹绢，内为红绢地。盒内共分为五格，上
下端为雕刻云纹及云螭纹的檀木装饰，相互呼
应，是根据所盛放扇子的长短而设，极见匠心。
盒内五柄折扇分别为：蒋廷锡绘梅雀图康熙帝
书雪梅诗折扇、宋骏业绘山水图康熙帝书唐诗
折扇、强国忠绘山水图康熙帝书诗折扇、蒋廷
锡绘花鸟图康熙帝书咏自鸣钟诗折扇、顾昉绘
山水图折扇。

此盒是清宫成扇包装中时代较早、保存较
完好，且具代表性的一个实例。(刘岳)

147

描金漆团花纹扇匣
清雍正至嘉庆(1723~1820年)
高5厘米　长27厘米　宽11厘米

Lacquered Fan Case with Medallion Design in
Gold Tracery
Yongzheng to Jiaqing emperors' reign (1723 ~ 1820), Qing Dynasty
Height: 5 cm　Length: 27 cm　Width: 11 cm

　　扇匣长方体, 于洒金地上描绘团花纹图案。此匣团花纹饰与中国传统花纹图样迥异, 制作工艺也与传统工艺略有不同, 应是日本漆工采用莳绘工艺制成的漆匣, 后改为装储折扇之用。莳绘来源于我国描金、洒金等工艺, 日本漆工继承并发展之后, 又反传回至我国, 影响了我国明代及以后的漆器装饰工艺。清代的皇帝们非常欣赏日本莳绘漆器, 尤其是趣味高雅的雍正皇帝, 曾多次下令仿制。王公大臣们为了博取皇帝的欢心, 经常采买莳绘漆器进贡到宫廷中来。

　　匣内装金世松楷书折扇10柄。折扇扇股乌木制, 聚头为"和尚头"式。大股上宽下窄, 上部用银丝嵌"卍"字地锦纹, 又用金丝嵌变体寿字纹和蝙蝠纹, 有"万福万寿"的吉祥寓意。(王蔼)

黑漆描金缠枝花卉纹扇匣
清乾隆（1736～1795年）
高9.6厘米　长25厘米　宽13厘米

Black Lacquered Fan Case with Interlocking
Flowers in Gold Tracery
Qianlong Emperor's reign (1736 ~ 1795), Qing Dynasty
Height: 9.6 cm　Length: 25 cm　Width: 13 cm

扇匣长方体，黑漆地上用描金工艺描绘缠枝花卉纹，尽显富丽堂皇。匣体立面窄端一侧为门，有鎏金铜钮，上提即开，匣内有3个小屉，屉面亦装饰缠枝花卉纹。屉内有6个凹槽，每个槽内都有康熙三十六景之一景的名称，对应装储描绘、诗咏此景的折扇。全套2扇匣，1匣分3屉，1屉装6柄折扇，共36柄。

我国唯一传世的漆器工艺专著《髹饰录》中，对描金工艺有如下记载："描金，一名泥金画漆，即纯金花纹也。朱地、黑质共宜焉。其文以山水、翎毛、花果、人物、故事等；而细钩为阳，疏理为阴，或黑漆理，或彩金象。"故宫博物院收藏有大量的清宫旧藏黑漆描金漆器。（王渊）

149

紫檀雕花扇匣
清乾隆（1736～1795年）
高10厘米　长33.5厘米　宽15.5厘米

Red Sandalwood Fan Case Carved with Floral
Patterns
Qianlong Emperor's reign (1736 ~ 1795), Qing Dynasty
Height: 10 cm Length: 33.5 cm Width: 15.5 cm

盒天覆地式，盖以楠木为衬里，外包镶紫檀，镂雕缠枝宝相花纹，是极为考究的一种工艺。盖顶题签位置阴刻隶书填金"摘豪挹爽"。盒底束腰二层台式，下承四足。盒内加装一屉，共二层，盛放棕竹股永琰书诗折扇十柄。此盒的式样在乾隆时期成扇包装盒中颇具典型性。

匣内装永琰书诗折扇10柄。此套折扇是后来的嘉庆皇帝尚为皇子时所书，进献给其父乾隆皇帝。（刘岳）

150
纸胎绢面暗云纹扇匣
清咸丰至宣统(1851～1911年)
高4.5厘米　长45厘米　宽30厘米

Fan Case Made of Paper and Covered with Silk
of Cloud Designs
Xianfeng to Xuantong emperors' reign (1851～1911), Qing Dynasty
Height: 4.5 cm　Length: 45 cm　Width: 30 cm

　　盒天覆地式,形式略同团扇之轮廓。以硬纸板为胎,外贴裱明黄暗云纹绢。盖面正中贴有品名签,楷书"寿字竹丝扇二柄",下有黄条一,墨书:"奴才载澜跪进。"盒内装竹丝编寿字黑漆柄团扇二柄。载澜(1856～1916年),光绪帝堂兄,封辅国公。此盒为清晚期团扇包装中较有代表性的一种形式。(刘岳)

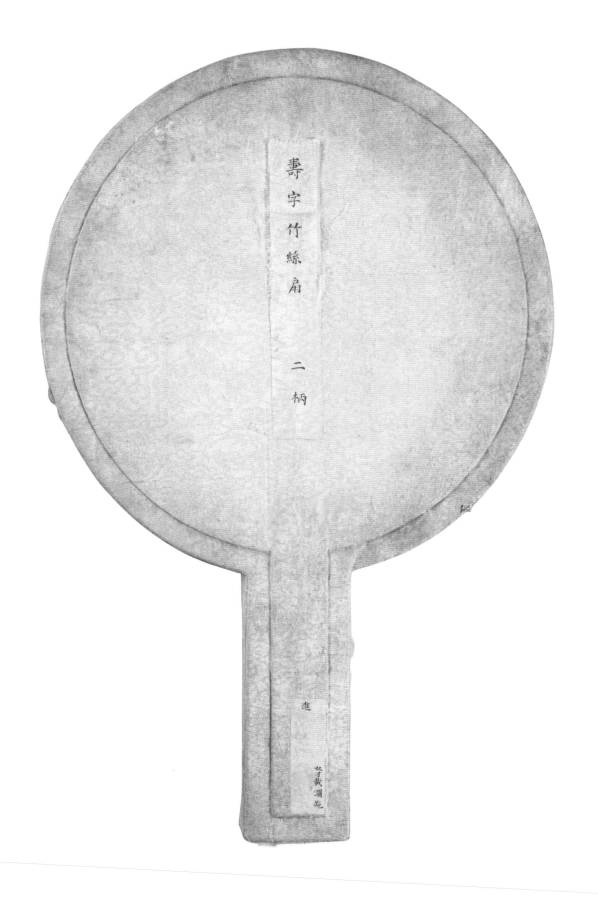

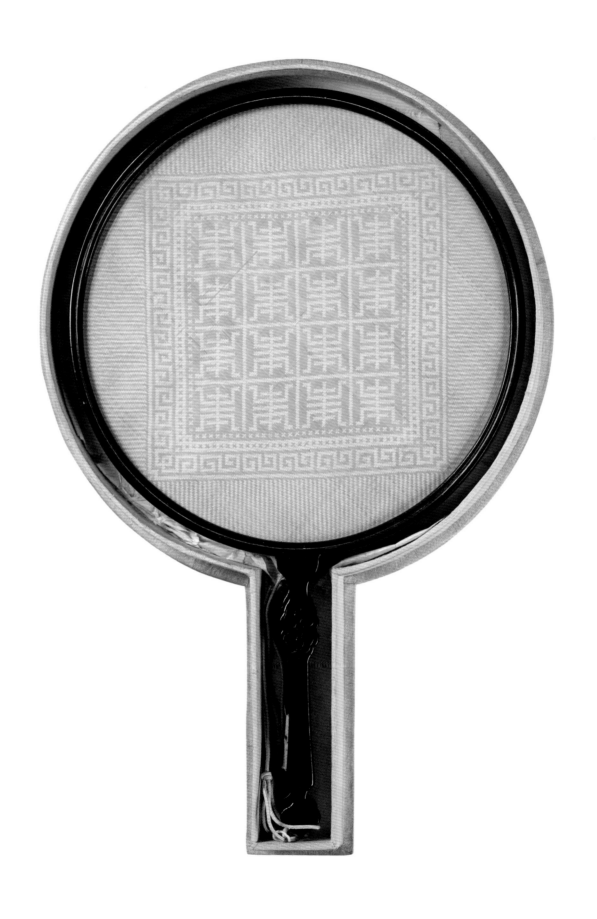

151

织锦包袱扇套
清顺治至乾隆（1644～1795年）
长41厘米　（匣：高6厘米　长43厘米　宽8厘米）

Cloth-wrapper Shaped Brocade Fan Sheath
Shunzhi to Qianlong emperors' reign (1644 ~ 1795), Qing Dynasty
Length: 41 cm
(Case: Height: 6 cm　Length: 43 cm　Width: 8 cm)

此件扇套为蓝色地缠枝花卉三多龟背纹锦，石榴、寿桃、佛手纹样饰金，蓝色缠枝花卉纹花心饰金，龟背纹以蓝色锁子纹、褐色万字曲水纹、绿色连钱纹构成。扇套采用包袱的包装形式，锦纹华丽，寓意多福、多寿、多子，富贵万年，采用包袱作为扇套的包装形式新颖别致。（景闻）

满纳万字曲水纹锦地花卉纹扇套
清嘉庆至道光(1796～1850年)
长30厘米

Fan Sheath Embroidered with Swastikas,
Ripples and Flowers on Brocade Ground
Jiaqing to Daoguang emperors' reign (1796 ~ 1850), Qing Dynasty
Length: 30 cm

此件扇套满纳湖绿色万字曲水纹锦地。满纳万字曲水纹锦地之上，一面斜向纳绣荷花，一面斜向纳绣梅花。其中荷花、荷叶、梅花使用退晕的色彩设计，设色雅致，风格明快。扇套系金黄色绦带，绦带与扇套相连处，串饰椭圆形桃红色玻璃。绦带一端坠纽扣形白玉扇器一枚。(景闻)

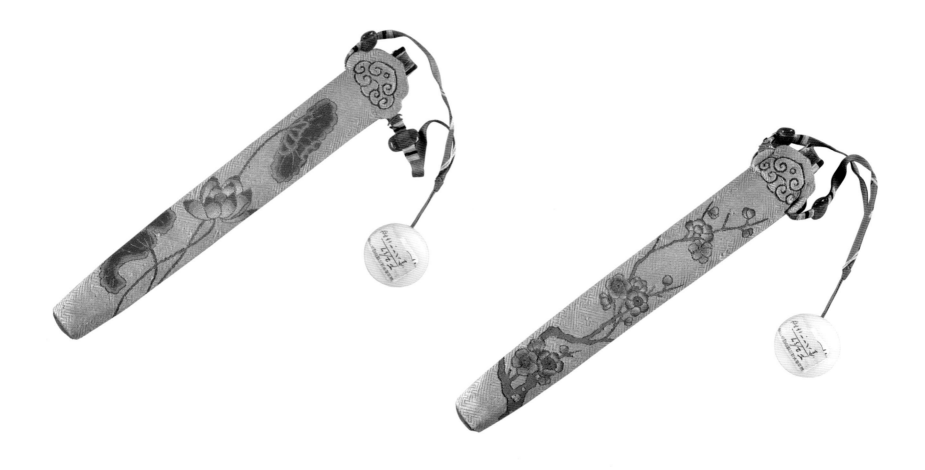

黑色缎地平金绣钱纹扇套
清咸丰至宣统(1851～1911年)
长32厘米

Fan Sheath Embroidered with Coin Patterns on Black Ground

Xianfeng to Xuantong emperors' reign (1851 ~ 1911), Qing Dynasty
Length: 32 cm

　　此件扇套以黑色缎为地，正面三开光，平金绣连钱纹，并以平银钩饰连钱纹边沿。扇套底端平金绣钱纹一枚。扇套系明黄绦，绦带与扇套相连处，珊瑚米珠攒成"卍"字符号，坠系绿松石雕刻的蝙蝠。整个扇套使用"卍"字、蝙蝠、连钱纹样寓意万在眼前。扇套以黑色缎地衬托金线绣制的简单纹样，端庄沉稳中显出华丽的装饰风格。(景闻)

玛瑙瓜形坠

清(1644～1911年)

长2.8厘米　宽1.5厘米　厚1厘米

Agate Melon-shaped Pendant

Qing Dynasty (1644 ~ 1911)

Length: 2.8 cm Width: 1.5 cm Thickness: 1 cm

　　选用红色玛瑙为原料。整体呈带棱的瓜形。表面浮雕瓜叶，上部镂雕梗形并衔一活环，上系黄色丝绳及绿色料珠一粒。

　　玛瑙在清代的使用较为广泛，器形十分丰富，主要包括杯、鼻烟壶、花插、烛台、插屏、如意、盖碗、文房用具及各种动物、植物、人物、瓜果等雕件。

　　以瓜为题材，寓意"多子多福"。虽然是小小的扇坠，但集多种工艺为一体，显示了清代玉雕的高超技术水准。(赵桂玲)

玛瑙籽坠

清(1644～1911年)

长3.6厘米　宽2.4厘米　厚1.5厘米

Agate Pendant

Qing Dynasty (1644 ~ 1911)

Length: 3.6cm Width: 2.4 cm Thickness: 1.5 cm

　　选用棕色玛瑙为原料。整体呈鹅卵形，表面光素。上方有一穿孔，系绿色丝绳。

　　清代是玛瑙使用的高峰期，留存至今的用玛瑙雕琢的清宫遗物数量可观，而且颜色多种多样，各不相同。但基本是中小件的，缺少大型器物。

　　此器取自天然的籽料，非常少见。表面打磨抛光精细，用作扇坠更显简洁明快。(赵桂玲)

碧玺山形坠
清 (1644～1911年)
长2.9厘米　宽3.9厘米　厚0.9厘米

Tourmaline Mountain-shaped Pendant
Qing Dynasty (1644 ~ 1911)
Length: 2.9 cm　Width: 3.9 cm　Thickness: 0.9 cm

　　选用粉色碧玺为原料。整体呈山形，大致片状。正面浮雕山脉，背面及底部趋平。上端有一穿孔，系紫色丝绳。

　　碧玺最盛行的时候是清代，颜色以粉色居多，其次是绿色、黄色、蓝色等。主要器形有十八子串、朝珠、佩、推胸、山子、鼻烟壶、念珠、项链、章料、帽正和纽扣等，还用于各种头饰、首饰上的镶嵌。不同造型、题材的坠多用材质上乘的小块碧玺琢成，小巧而精致。如蛙、桃、灵芝、佛头、佛塔等。

　　这类小型坠饰有些用作扇坠，这件是其中较有代表性的一件。(赵桂玲)

碧玺柿形坠
清 (1644～1911年)
长3厘米　宽2.3厘米　厚0.5厘米

Tourmaline Persimmon-shaped Pendant
Qing Dynasty (1644 ~ 1911)
Length: 3 cm　Width: 2.3 cm　Thickness: 0.5 cm

　　选用透明度较高的黄色碧玺为原料。整体呈一大一小的双柿形，片状。采用镂雕、浮雕、阴刻等技法。中间梗叶处有孔，上系黄色丝绳。

　　碧玺的颜色虽然丰富多彩，但黄色碧玺较之粉、蓝碧玺还是要少得多，较为珍贵，清宫旧藏遗物中也不多见。本器题材寓意"事事如意"，碧玺的黄颜色与柿子题材也相得益彰，设计极其巧妙，是扇坠中的精品。(赵桂玲)

带皮白玉荷叶形坠
清(1644～1911年)
长4.1厘米　宽3.1厘米　厚1厘米

White Jade Lotus-leaf Shaped Pendant
Retaining Yellow Skin
Qing Dynasty (1644 ~ 1911)
Length: 4.1 cm Width: 3.1 cm Thickness: 1 cm

选用白玉籽料雕琢。整体为荷叶形，一侧有盛开的荷花，梗上端处有穿孔，上系黄色丝绳及红色珊瑚珠一粒，小珍珠两组。

清代宫廷玉器的使用非常广泛，无论大小、数量、种类等都达到历史之最。平定新疆准格尔战乱后，大量和田玉得以进入宫廷，其中包括许多小籽料。这件扇坠精彩之处就是运用了"留皮雕"的技法，并与浮雕、阴刻相结合，因材施艺，极为形象地塑造出荷叶的天然色彩。(赵桂玲)

白玉凫形坠
清(1644～1911年)
长3厘米　宽4.4厘米　厚1.1厘米

White Jade Duck-shaped Pendant
Qing Dynasty (1644 ~ 1911)
Length: 3 cm Width: 4.4 cm Thickness: 1.1 cm

选用优质白玉籽料。昂首卧凫式，两侧饰羽纹，背、腹上下有一贯孔，可供穿系。

清代动物形玉器多选用籽料雕琢，种类、数量较之前代有所增加，除凫外，还有猫、狗、驼、马、鹤、鸭、鹌鹑、鹊、鹅、鱼、蟹等。艺术表现上更加写实，形态各异、动作逼真、寓意吉祥。

动物题材玉器在清代宫廷里多用于陈设或文房用具，尺寸较小的一般都设计有穿孔，配系各色丝绳，用作各种坠饰。本器为扇坠。(赵桂玲)

160

白玉圆瓛式坠
清(1644～1911年)
高2.4厘米　径1.5厘米

White Jade Circular *Le*-shaped Pendant
Qing Dynasty (1644 ~ 1911)
Height: 2.4 cm　Diameter: 1.5 cm

　　白玉质。整体呈圆柱形。表面采用去地浅浮雕技法，一侧一人物右手举杯，左手执扇，另一侧行书诗句："落霞与孤鹜齐飞，秋水共长天一色。"末署王子安并阴文篆书"子冈"款。

　　王子安是王勃的别名，诗句即选自王勃的《滕王阁记》。纹饰中的人物形象，恰似正在欣赏滕王阁一带的景色，也反映了诗中的宴会盛况。(赵桂玲)

161

白玉兽面纹钟式坠
清(1644～1911年)
高3.9厘米　径1.8厘米

White Jade Bell-shaped Pendant with Animal Mask Design
Qing Dynasty (1644 ~ 1911)
Height: 3.9 cm　Diameter: 1.8 cm

　　白玉质。整体呈古钟形，琢双虎为钮，上系蓝绳一。钟的左右各有出戟。表面纹饰运用浅浮雕技法，自上而下分别饰垂云纹、兽面纹、蕉叶纹。

　　仿古玉器是清代玉器的重要组成部分，其数量和工艺水平等都达到历史的巅峰。风格古朴典雅、精雕细琢的坠饰尤显技艺高超，十分惹人喜爱。本器为扇坠。(赵桂玲)

162

黄玉八卦纹琮式坠
清(1644~1911年)
高3.4厘米　径1厘米

Yellow Jade *Cong*-shaped Pendant with the
Eight Diagrams Design
Qing Dynasty (1644 ~ 1911)
Height: 3.4 cm Diameter: 1 cm

　　褐色玉，质地细腻，玉质温润。整体呈柱状
琮形，器形小巧规整，上宽下细，外方内圆。上
下八节，每节上均有三条阴刻线，代表简约的
神人纹。

　　清代皇帝对古器推崇备至，对摹制古器尤
为重视。似本器这样的扇坠，正是这种复古热
潮下的作品，创意新颖，融合了古代玉琮、饕餮
纹等特点。古趣悠然，至为惬意，为古代帝王和
文人雅士所爱。(赵桂玲)

163

桃核透雕人物图橄榄式坠
清(1644~1911年)
高2.8厘米　径1.6厘米

Peach-stone Olive-shaped Pendant with
Openwork Figure Design
Qing Dynasty (1644 ~ 1911)
Height: 2.8 cm Diameter: 1.6 cm

　　中空，外壁浮雕庭园小景，洞石芭蕉之间，
一人捧盘穿行而过，桐荫下，镂空圆月门内二
人坐于屋宇中，似相谈正欢。人物、景物细节
交代清晰，如微缩画卷，设计、雕刻皆精。空白
处阴刻行书"玉楼巢翡翠，金殿锁鸳鸯"，为李白
《宫中行乐词》中句，似与画面情境不谐。末署
"吴珩"款，其人待考。二小印不可识。坠一端配
木盖托，内雕松鼠葡萄为饰，丝绳贯穿，连缀为
一体。(刘岳)

后记

故宫博物院现收藏成扇类文物近万件,绝大多数属于清宫旧藏,这在国内外公、私同类藏品中,可谓首屈一指。

本书是在故宫博物院于延禧宫举办的"清风徐来——故宫博物院藏清代宫廷成扇展"基础上,增加了一批因限于展览条件而未能展出的作品结集而成,体现了迄今为止我们对于故宫博物院藏扇的编目和研究水平,期望能对读者了解清代宫廷成扇的品种类别、制作工艺和文化内涵等有所帮助。

本书编撰过程中,得到了故宫博物院院领导、器物部、书画部、资料信息部及故宫出版社等各部门的大力支持和协助。

器物部主任任万平女士、副主任吕成龙先生是展览及图录的发起者、策划者,并对全书文字进行了修改、润色;工艺组组长李永兴先生就展览及图录方面提供了诸多指导;宫廷部阮卫萍女士以其扎实的专业水平协助解决了织绣类团扇制作工艺及断代方面的问题;同仁许晓东女士对本书的编写提出了很多建设性意见;资料信息部的冯辉先生、余宁川先生、周耀卿先生在拍摄文物及提供图片方面给予了大力支持;故宫出版社器物编辑室主任万钧女士多次就图书的体例与笔者沟通,获益良多;责任编辑方妍女士承担一切细致而烦琐的审稿工作,保证了本书的质量。

同时还要感谢书画部李湜女士、聂卉女士、杨丹霞女士、文金祥先生、李天垠先生、王中旭先生,以及器物部张林杰先生、刘岳先生、黄英女士等在挑选文物过程中所付出的辛苦劳动。

可以说,没有大家的全力支持与帮助,本书不可能如此顺利出版。

目前,对于清宫藏扇的整理研究仍处于初步阶段,还有很多材料、课题等待发现和解决,本书只是在这个领域里迈出的一小步,遗憾错漏在所难免,望读者朋友批评指正。

谢丽

2013年6月

出版后记

《故宫经典》是从故宫博物院数十年来行世的重要图录中，为时下俊彦、雅士修订再版的图录丛书。

故宫博物院建院八十余年，梓印书刊遍行天下，其中多有声名皎皎人皆瞩目之作，越数十年，目遇犹叹为观止，珍爱有加者大有人在；进而愿典藏于厅室，插架于书斋，观赏于案头者争先解囊，志在中鹄。

有鉴于此，为延伸博物馆典藏与展示珍贵文物的社会功能，本社选择已刊图录，如朱家溍主编《国宝》、于倬云主编《紫禁城宫殿》、王树卿等主编《清代宫廷生活》、杨新等主编《清代宫廷包装艺术》、古建部编《紫禁城宫殿建筑装饰——内檐装修图典》数种，增删内容，调整篇幅，更换图片，统一开本，再次出版。惟形态已经全非，故不再蹈袭旧目，而另拟书名，既免于与前书混淆，以示尊重；亦便于赓续精华，以广传布。

故宫，泛指封建帝制时期旧日皇宫，特指为法自然，示皇威，体经载史，受天下养的明清北京宫城。经典，多属传统而备受尊崇的著作。

故宫经典，即集观赏与讲述为一身的故宫博物院宫殿建筑、典藏文物和各种经典图录，以俾化博物馆一时一地之展室陈列为广布民间之千万身纸本陈列。

一代人有一代人的认识。此次修订再版五种，今后将继续选择故宫博物院重要图录出版，以延伸博物馆的社会功能，回报关爱故宫、关爱故宫博物院的天下有识之士。

2007年8月